教えから学びへ

教育にとって一番大切なこと

汐見稔幸
Shiomi Toshiyuki

河出新書
035

はじめに

　これまでの教育についての議論は、圧倒的に教える側についてのものでした。親や教師はどう言葉を使えばいいのか、どういう体験が子どもに必要なのか……すべて教える側から見た論理です。教育学という学問も、基本は、何を、どう教えると効果が高いかの研究でした。

　こうした教える側中心の議論は、「師となる人に願い出て、師弟関係をつくり、その師について学ぶ」という昔からあった教育の営みの中では、それなりの意味を持っていました。孔子の塾も、釈迦の教団も、プラトンのアカデメイアも、イエスに従った人々も、すべて師となる人のもとに集まり、弟子になり、師から学んだのです。キリスト教の「聖書」も見方によればイエスの教育論のテキストと言えます。

　人類史的に見ると、これらが教育の原型とも言えるものです。その後の職人に弟子入りして修業するときも、観阿弥、世阿弥のような能や狂言の教育にしても、歌道、華道等にしても、すべて師となる人に弟子入りして師から学ぶという形をとっています。

しかし、現代の学校という場は、そのような伝統的な教育の仕方と全く異なった形をとっています。生徒は基本的に先生を選べませんし、教える中身も子どもたちが教えてほしいと願っているものとは限りません。あくまでも大人と社会が子どもたちに学んでほしい、学ぶべきとして選んでいるものです。

それは見方によってはかなり無理のある教育なので、明治時代はそれを「強制教育」と呼んでいました。教育を受けることは権利ではなく義務で、いやでも学校に来い、としたわけです。

そうしたある意味で矛盾を抱えた教育の場でしたので、生徒たちに「学ぶということはとても面白く興味深いことだ」とわかってもらうための努力を、日本の教師たちは懸命に行ってきました。その努力は涙ぐましいとしか形容の仕方がないほどです。そして数々の優れた授業を創り出してきました。

こうした教育は、教育の原義からいうと根本的な矛盾を抱えているのですが、教師たちの必死の努力でなんとか成り立ってきたのには、それを支えた二つの理由がありました。

一つは、社会がどんどん変化していくようになり、新しい時代のことを学ばなければ社会に適応できなくなっていったことです。抽象的な意味ですが、学校に行くことが、意味のあることになってきたのです。

もう一つの理由は、その学ぶべきことが、学校に行って教師から聞かなければ子どもたちには入手できなかったということです。情報を伝えてくれるツールが、教科書と教師の言葉しかなかったのです。

ところが、二〇世紀も最後の時期あたりから、情報環境が周知のように全くと言っていいほど変わってきました。インターネットとつながる環境が予想を超える速さで広がっていき、今や若者は新聞も読みませんし、CDもやがてつくられなくなるといわれています。PCやスマホ等があれば世界中の情報が簡単に集まりますし、百科事典が何種類も小さなスマホに入っているようなものです。世界中の人と通信することも簡単にできます。

こうした状況は、学校に行って先生の話を聞かないと新しい情報が手に入らなかったというこれまでの事情を根本から変え始めています。

氾濫する情報の真偽をどう確かめればいいのか教えてほしい。環境問題などの大きな課題を解決していってほしいというのなら、小さな足元の問題をいっぱい解決していく喜びのようなものをまず体験させてほしい。人と人が直接関わらなくても用が足りる時代になるのならば、人と深く気さくに関わる喜びをどこで体験できるのか、そういう場を提供してほしい。それらのことが、子どもたちの本音の声になってきつつあるのです。

こうした声を真面目に考慮するならば、教育という人類存続に不可欠の営みはどのように形を変えていけばいいのかが、いまどこの国でも問われることになります。

その転換の原理は簡単です。

それは、教えをどう深めるかという教育の発想を転換して、子どもたちは、いえ、学ぶ人は、実際にどう学んでいるのか、子どもたちは同じ教育の内容に同じように興味関心をもつのか、学びが深まるということはどういうことか、等々を深め、その知見に基づいて教育のあり方を柔軟に構想すればいいのです。

つまり、原理を「教える」から「学び」に移せばいいのです。

本書でこれから論じていきますが、学びは教えよりもはるかにすそ野の広い概念です。人は失敗からたくさん学びます。その学び方が深い人のほうが人生を上手に構築していくでしょう。学びに原理を移すと、失敗が重要な意味を持ったこととして光りだすわけです。あるいは、日常のちょっとしたことにも、そこから学ぶべきことは無限にあると気がつきます。生き方上手の人は死ぬまで学び続けるでしょう。教材はあらゆるところに広がっていることや、学ぶ機会はどこにでもあることに気がつきます。

これからＧＩＧＡ（ギガ）スクール構想が広がっていき、生徒たち一人ひとりがパソコンやタブレットなどの端末を持って授業に参加するのが当たり前になっていくでしょう。しかし教育が「教え」の精緻化をミッションとする発想でＧＩＧＡスクールを具体化していきますと、生徒たちの成績は一時上昇するものの、時間がたつにつれて、以前よりも下がっていくというデータを示す研究もあります。これは、教育を「学び」を原理に構想していないことからくる皮肉な結果です。

学びとは何かを多角度から検討し、深めていけば、教育は「学ぶ力を豊かにし、深くする」ということでいい、とわかってくるはずです。

教えから学びへの発想の転換こそが、教育を時代の変化に適応させる唯一の方法だと私は思っています。

私は、博士課程の頃から足立葛飾教育サークルに参加し、当時東京で一番荒れていると言われていた地域の小中学校の教師たちとともに実践レポートを検討していました。その中で「幼児期の育ちについて研究しなければ学校教育を考えることはできない」と思うようになりました。そして、全国の保育園や幼稚園を飛び回り、保育者の皆さんと共に臨床研究を続けてきました。東京大学教育学部附属中等教育学校（中高一貫校）の校長を務めた時期もあります。

そしていま、私はこんな思いにたどり着いています。

子どもに関わる大人たちに求められるのは、「人間って深いし、面白い」ということを見出す力をつけることなのではないかと。

学校の勉強ができるできないという評価から離れ、「この子はどんな人生を送るのかな」「原石のようなこの子どもたちが、それぞれどんな宝石になるのかな」という視点から子どもを見ることができれば、子どもたちへの接し方も自ずと変わっていくはずです。

そのような視点を持って、学びの面白さ、深さなどについて、これから一緒に考えていきましょう。それはきっと教育だけでなく、生き方を考えるヒントにもなるはずです。

目次

本音は立身出世のため／日本の教育はどこで失敗したのか／人はなぜ学ぶのか／分節した世界を再びつなぐ／師弟モデルでの学び／不登校の増加はシステムに原因がある／特例校が教育のモデルに

第4章 「学び」は体験から始まる

本当のアクティブ・ラーニング／受動の中に能動を見る／「そのまま」に世界を受けとめる／子どもが感じる世界を豊かに／「主体的・対話的で深い学び」とは／「信じて疑う」態度があるか／読書をすると考えなくなる？／音読と黙読／「かたる」の復権／相手に身を寄せ自分の土俵に戻る／自分なりの意味を見出す／語義と意味の違い／三人称的認識を一人称化する／生活綴方教育を振り返る／問いと答えの間を充実させる／早期教育に効果があるときとないとき／アダルトチルドレンにしない／人間の促成栽培はできない／知識を身につけるほどわからないことが増えていく

第5章 「学び」を支えるための教育

第6章 「学び」は続くよ、どこまでも

第1章

なぜ、いま教育がいきづまっているのか

方法が原理になっていないか

日本の教育現場では、いま新しい動きがさまざまに起こっています。

たとえばＧＩＧＡ（ギガ）スクール構想。一人一台の端末を配備してＩＣＴ環境を整え、教育にオンライン環境を上手に取り入れようというプロジェクトです。感染症の拡大により、その計画は文部科学省の設定していた予定よりも大幅に前倒しとなりました。二〇二一年度のスタート時にはほとんどの自治体で配備が整い、授業への導入が少しずつ始まっています。

このような新しいものを導入する場面では、ある学校の先行事例をモデルとして、そこでのやり方を確定したメソッド（方法）として取り入れがちです。本来、新しいものを取り入れる場合には、自分たちで実際に使い試行錯誤するプロセスを経てこそ新たな可能性が生まれるのですが、できあいの一つのメソッドから逸脱しないよう真似ることに全力が注がれてしまうのです。

「まずこうして、次にこうして、最後にこうします。そのやり方から逸脱してはいけません」

このように形式的にメソッドを真似て取り入れるだけでは、これまでの授業のやり方に方法が一つ加わるにすぎません。子どもたちがいままでよりも学びを面白がるようになるとか、深く学ぶようになるという大きな転換は起こらないでしょう。

もちろん方法は大事です。しかし、方法に注力するあまり、何を目指すからその方法をとるのかを考えず、方法を最重要な原理にしてしまうことはとても危険です。

アリストテレスは、方法を「ほかにもあり得るもの」と定義しています。大事なのは目標やミッションであり、その目標やミッションを達成するのにどういう方法をとるかは、子どもによるし、状況による、という柔軟で臨機応変な姿勢であってほしいのです。

本来、ＧＩＧＡスクール構想は、子どもたちの学び方を発展させていくことを、端末やオンライン環境でサポートするためのものです。子どもたちと一緒に実際に使いながら、面白い使い方を発見していく過程も貴重な学びの一つです。

一つのやり方にしたがって手順を覚えていくことにこだわると、端末があることで広がるいろいろな可能性を、潰してしまうかもしれません。中には、「先生に指示されたところ以外は絶対に触ってはいけません」と指導してしまう学校もあるかもしれません。そのような状況では、おそらく新しい学びは生まれないでしょう。

端末を授業に導入するのはなぜか、どのような教育効果を上げるためにオンラインを利用するのかをしっかりと考え議論することが必要です。

いま、学校やさまざまな教育現場は、これまでの慣例や既成概念を壊しながら新しい学びをつくり上げていく（解体・構築する）大きなチャンスを迎えています。端末やオンラインを利用すれば、異なる学年を混ぜることや、不登校の子どもたちが生き生きと授業に参加することができるかもしれません。議論して模索して試みる。でも失敗する。それを何度も繰り返すことで、教師にも子どもたちにも、ようやく本当の力がついてきます。

これは、ＧＩＧＡスクール構想に限ったことではありません。近年、海外の先進的なオルタナティブ教育にも注目が集まっていますが、その型や方法だけを真似るケースが日本では多く見られます。

幼児教育の分野ではモンテッソーリやフレーベル、レッジョ・エミリアなどの哲学や保育論が注目されていますが、アメリカ経由で日本に入ってきたときにすでにメソッドとして確立していることが多く、その大半が〇〇方式、△△メソッドという形で取り入れられます。

「積み木をこのような順番で積み重ねるのがフレーベルのメソッドです」

幼児教育の祖と呼ばれるドイツの教育者、フリードリヒ・フレーベル（1782-1852）のメソッドは、本来、このような積み木の積み方の決まった方法＝型のことを言っているのではありません。フレーベルは著書『人間の教育』などで世界や人間に対する深い考察を残していますが、「子どもの本性は神性である」「無限の多様性の中の統一（神）を感じ取ることが教育の目的」という考え方が特に大事です。恩物という独特の積み木をつくりあげた哲学や人間学を無視して、その型だけを取り入れても、深い教育ができるわけではありません。

身近なことで言えば、形式的に繰り返される「おはよう」や「ありがとう」「ごめんね」などの挨拶も同じです。それがなぜ大事なのかを考えることなく、子どもに「ありがとうって言いなさい」と型だけを強制することには、教育的には深い意味がないのです。

なんのためにするのか。なぜそれが大事だと思うのか。なぜ子どもにそれを教えたいのか。なぜ子どもにそれをさせたいのか。そのことを考えることが、いま、子どもに関わる全ての大人たちに求められています。

「学び」の意味を問い直す

この本の目的の一つは、「学び」の意味や可能性を問い直し、育児や保育や教育、特に学校教育を時代にふさわしく変えていく方策を探ることです。

これまで、学校教育によって身につけるべきとされてきた「学力」の内容の多くは、「学び」という視点から見ると、人間に必要な知性とはやや異なっていたと私は考えています。「学び」は学校でのみ身につけられるようなものではなく、一生続く営みです。人間は死ぬまで学び続けます。そうした学び方の基礎を学校は育ててきたか、というと疑問が多々浮かびます。

日本の場合、学校で身につける「学力」の多くは、子どもたち一人ひとりの個性的な人格形成を促すより、試験での点数を高めて、社会に出て行くときの自分の評価を高くしておくことを目標としてきました。

つまり、名の通った学校に進学し、大きな会社に入るために偏差値を上げてより高い地位を得ることが、学力形成の実際的な目標になってしまいました。その関門をクリアするために正解をどれだけたくさん覚えているか、どれだけ速く「正解」を導き出せるかを測ってきたのです。

「学力」だと考えました。「正解」があることが前提で、それを速く再現できるかどうかを測ってきたのです。

これまで私たちは「なぜ人は学ぶのか」という根本的な問いについてしっかりと挑んできませんでした。効率のよい「教え方」や「学び方」という手段についてはあれこれ研究されてきましたが、なぜそれを学ぶのかという最も大事な問いについてはなおざりにしてきてしまった印象があります。

二一世紀は「先の見えない時代」と言われています。子どもたちはすでにそのことに気がついているはずです。環境破壊やテロ、貧困問題、コロナなど、世界は次々と困難に見舞われていますが、学校が楽しい、面白いと感じられない子どもの数もそれと比例して増えているようです。いじめや不登校なども、そうした子どもの落胆、ストレスの表現なのでしょう。

目まぐるしく社会が変わっていく中で、教育のシステムがこれまでと変わらなければ、子どもたちにとって学校は、魅力のない場所、意味のない場所になっていくでしょう。そして、生きることすら意味のないことになってしまうかもしれません。

教育を根本的に捉え直し、本当に子どもたちにとって楽しく必要なものに変えるためには、何のために人は学ぶのか、その理由や目的から考え直す必要があります。

子どもたちが「先の見えない」中で生きていく上で大事な力は、正解を効率よく覚えて短時間で再現できる力ではもちろんありません。これまで正解だとされていたことでさえ、クリティカルに「本当にそうなのか？」と問い直し、自分なりに考え、自分なりの解を導き出す力が必要です。

そこにたどり着くための手段やルートは一つではありません。その最大の理由は、本当は世界に「正解」などないからです。正解と思っていたことが時代が変われば間違いだとわかることはよくあることです。正解を求めるのが学ぶ目的ではありません。「正解」などない。ではなぜ学ぶのか。それを問い続けることこそが、学ぶ目的と言えます。だからこそ、死ぬまで私たちは学び続けなければなりません。

「学び」を問い直す前提としてまず理解していただきたいのは、「学び」に正解はないということなのです。

「生きているっていいな」と思えているか

さて、そろそろ本題に入りましょう。

「なぜ人は学ぶのか」

「何のために学ぶのか」

子どもたちはなぜ学ぶのか。何のために学ぶのか。学ぶとはどんなことなのか。そもそも学ぶ必要があるのか。大人である私たちにとって学びとは何だったのか。それはいま、自分の人生に、生きる社会に、役立っているのか。

さて、みなさんはなぜ学んできたのでしょうか。何のために学んできたのでしょうか。学ばなければ親や先生に怒られるから、ほめられたいから、そのような理由だけではなかったはずです。将来のため。幸せのため。安心して生きるため。そんな答えが返ってくるかもしれません。未来の生活の安定のためにと言われて学んできた人は多いでしょう。しかし、新しいことを知る喜びをその都度、感じてきた人もいるはずです。

「なぜ人は学ぶのか」「何のために学ぶのか」を問うことは、「どう生きるか」を問うことです。

「なぜ私は生きているのか」

「何のために生きているのか」

このような問いについて誰もが一度くらいは考えたことがあると思います。でも、「なぜ生きているのか」なんて、わかりっこありません。そもそも、自分で選んで生まれてきているわけではないのですから、そんな答えはどこにも見つからないのです。

しかし、生きているうちに、「生きているっていいな」という感覚だけは身につけたい。「生きるってこういうことだったのか」と感じ、「生きることは価値あることだ」と思いたい。そして、これから長い人生を生きていく子どもたちにも、「生きているっていいな」と感じながら毎日を生きてほしい。これは私の願いです。

若い頃は、いい仕事がしたい、業績を残したい、そんなふうに人からの評価や社会的地位にこだわることもあるでしょう。もしそうだとしても、歳をとってよく考えてみたら、そんなものよりもっと大事なことがあったと思うかもしれません。ましてや、自分が死ぬとなったときに、学歴や収入について考える人はいないでしょう。「いい人生だったな」と振り返り、大切な誰かを思い出すのではないでしょうか。

人間が心の深いところで求めているのは、「生きているっていいな」という感覚です。それが幸せであり喜びだと私は考えています。

「自分の自己実現」と「社会の自己実現」をつなげて考える

「生きているっていいいな」と心から思えるようになるために、人間には二つのことが必要です。「自分の自己実現」と、「社会の自己実現」です。

「自分の自己実現」は、自分が心の深いところで本当に「やりたい」と思うことを何らかの形で実現することです。

人間はいろいろな経験をしながら、やりたいことを見つけていきます。

たとえば仕事について考えてみましょう。もちろん、実際に自分がやりたい仕事に就けるかどうかは偶然もありますから、完全な形で実現することは難しいかもしれません。選択肢の中で、なるべく自分が面白いと思える仕事を選んでいるのだと思います。生きていくために、生活のために仕方なく働くこともあるでしょう。最初は満足できない仕事でも、働きながらその仕事の自分にとっての意味を少しでも見つけられれば、自己実現欲求をある程度満たすことができます。

では、自分がやりたいことは、どのようにして見つけられるのでしょうか。何かをしているとき、どうしてかわからないけれど自分が生き生きとしてくるなら、それが、本当にやりたいことだと私は思っています。

そしてもう一つ、「社会の自己実現」です。これは、社会がその構成要員をできるだけ多く幸せにできるような社会になっていくことを指しています。実は人間は、自分の自己実現と社会の自己実現を結びつけて考えられる唯一の動物なのです。

人間は、自分だけが幸せになるのではなく、みんなで上手に支え合って、みんなが生き生きとして幸せになっていけるような社会を目指す努力をしない限り、結局、自分も幸せになれないのです。

みんなが幸せな社会を目指す

みなさんは、「自分だけが幸せ」と、「自分も含むみんなが幸せ」、どちらが幸せだと思いますか。子どもにたずねられたら、どのように答えますか。改めてこう問われると後者だとなるでしょうが、いま、世の中を見渡すと、「自分が幸せならいいじゃないか」と思っている人が多いように見えるかもしれません。少し考えてみましょう。

たとえばあなたはお金に困っていないとします。そして目の前に、何日も食事をしていない人や何か苦しみを抱えている人がいるとします。そのときあなたはどう思うでしょうか。実際にその人を前にして、「お前が苦しいのはお前がちゃんと努力しないからだ」「自業自得だ」などと言って済ませることができるでしょうか。あなたが困っていなければいないほど、そんなことはできないでしょう。自分に何ができるかを考え、実際に手を差し伸べると思います。

それは本能のようなものです。人間は、周りで苦しんでいる人がいると、自分だけ上手くいっても幸せだと感じられない動物なのです。長い歴史の中では殺し合いや戦争も繰り返してきましたが、大きな視点で見れば、互いに助け合い、支え合ってきたからこそ、生物として生き残ってきたのです。

「目の前に困っている人がいたら放っておけない」というのはある種の共感能力です。人間には本能的にそれが備わっていると私は考えています。

もしあなたが、とても大変な状況に追いやられているとしたら、あるいは、激しい競争のなかで勝ち抜いた人だけが評価され、負けた人は「お前が努力しなかったからだ」と虐げられるのを見てきたとしたら、この大切な共感能力が発揮できなくなっているかもしれません。でも、根っこの部分には、きっと共感能力が眠っているはずなのです。

そして、その共感能力を発揮することで、「自分の自己実現」の内実が「社会の自己実現」に近づいていくことになるはずです。そう考えると、共感能力を上手に伸ばすこともまた、教育の役割なのだと思います。

「なぜ人は学ぶのか」という問いに答えるなら？

さて、ここで少し振り返り、最初の問いに答えを出しておきましょう。

「なぜ人は学ぶのか」

「何のために学ぶのか」

「なぜ人は学ぶのか」「何のために学ぶのか」を問うことは、「どう生きるか」を問うことです。

「生きているっていいな」と心から思えるようになるためには、「自分の自己実現」と、「社会の自己実現」をつなげることが必要でした。私はいま、次のように考えています。

・「自分の自己実現」のため、自分が「何をしているときに生き生きするか」を見つけるために学ぶ。
・「社会の自己実現」のため、「どうすればみんながいい顔をして生きていける社会にできるか」を見つけるために学ぶ。
・「そこにどう自分が関わることができるか」を見つけるために学ぶ。

学ぶといっても、どこかに正解があるわけではありません。誰かが教えてくれるわけでもありません。これこそ自分で、自分と相談しながら考えるしかありません。そして何か見つかってもそれは仮の答えでしかないということも付け加えておきましょう。

実はこの二つ、「自分の自己実現」と「社会の自己実現」は、切り離すことはできず、深いところでつながっています。

戦後教育の目標は、いつの間にか個人主義的なものになっていったと思います。自分だけがこの社会で勝ち抜き、生き残ることが目標になってしまったということです。でもそうなったとき、教育は必ずうまく機能しなくなります。

いま、世界は危機に瀕しています。

世界全体で、飢えに苦しむ人の数（飢餓人口）は徐々に減少してきました。しかし、二

○一四年以降、再び徐々に増加しています。二〇一九年は約六億九〇〇〇万人。食糧援助がないと餓死してしまう人が七億人近くいるのです。いまこの本を読んで下さっているときでもおそらく日々二万人以上が餓死しています。さらに、新型コロナウイルス感染症のパンデミックはその状況をさらに悪化させる可能性があると報告されています（二〇二〇年版「世界の食料安全保障と栄養の現状」）。このままでは、二〇三〇年までに飢餓人口をゼロにするというＳＤＧｓ（持続可能な開発目標）は到底達成できません。

このような現実を具体的に知れば、誰もが「私だけ幸せならいいや」とは思えなくなるのではないでしょうか。それが人間の本能だからです。

遠い外国の話だけではありません。日本でも、子どもの貧困や格差は広がっています。また、新型コロナウイルス感染症予防のための緊急事態宣言や自粛によって拍車がかかり、非正規職員の失職や家庭内でのＤＶの増加などにより自殺する女性も増加しています。危機的な局面では、社会的な弱者をこの世界の矛盾のしわ寄せが襲います。

これだけさまざまな問題が頻発し、グローバル化してしまうと、足元の問題が地球規模の問題とつながってしまい、解決が非常に困難に思えます。「自分には何かを変えられる力はなさそうだ」と思う人も多いでしょう。

しかし、そうして誰もが「ダメだ、やりようがない」となったら地球はどうなってしまうでしょう。いま求められているのは、逆なのです。こういうときだからこそ、「誰かがやってくれる」ではなく、一人ひとりが自分の足元の問題に取り組むための知恵が必要になるのです。自分が属している社会を、みんなが上手に幸せを追求できる社会に変えていこうとすれば、私たちは安心して生きられる社会をつくることができるのです。誰もがその主体に、小さな主体になればいいのです。それは、自分の幸せとも深くつながっています。

教育の目的の一つは、自分が生きている世界や社会の課題を具体的に知り、その解決と夢や希望をつなげることでもあるのです。

科学技術に憧れた一九五〇年代の子ども

ここで途中ですが、自己紹介を兼ねて、少し私の話をしたいと思います。

私は一九四七年、終戦から二年後の大阪府堺市で生まれました。堺市は、大阪湾に面している商人や職人も多く住む街でした。終戦の年には空襲で大きな被害を受けたと聞いています。小学校の頃、つまり一九五〇年代の後半には、舗装されていない道路を走るダンプカーをよく見かけたのを覚えています。まだ車が珍しい頃のことです。

当時、堺の南にある丘陵地帯を削り、その土で大阪湾を埋め立て、巨大な工業団地を造っていました。毎日、何台ものダンプカーが削った土を運んでいきました。そしてみるみるうちに海は埋め立てられ、やがてまるで未来都市のような工場ができていきました。「もはや戦後ではない」と宣言された高度経済成長期のはじまりです。科学技術の発展により、人間はこれからもっと夢を実現できると誰もが信じていました。

一五〇メートルの高さの関西電力の煙突が三本、街並みの向こうに突き出るように立ち上がり、家の近くからも見えるようになりました。その大きな煙突ができた頃は、「あそこから見ると重なって一本に見える」とか、「ここからは二本や」と言って友達と見に行き、その煙突から煙がもくもくと出てくるのを眺めては、すごいなあと感心していました。

しかし、当時は公害規制もありません。海風に乗ると排気ガスが全て陸地に流れてきます。私が暮らす街では、干しておいた洗濯物にすすがついて黒くなるほどでした。

中学生になると、私たちは友達の家の屋根裏を改造して実験室を作り、化学の実験に没頭しました。自分たちでその部屋に水道やガスを引き、古本屋で化学実験の本をたくさん買ってきて、友達と毎日そこで実験をしていました。時には、学校の理科実験準備室から実験に使う薬品をだまって拝借したこともあります。実験中に爆発が起こったこともありました。私は逃げ足が速いので無事でしたが、友達の腕にガラスの破片がブスブス突きささっていました。それに飽きると今度は、近所にあった仁徳天皇陵（大仙陵古墳）のお堀やため池からプランクトンを採ってきて、顕微鏡で観察もしました。

化学実験や生物の観察はどれも面白く、理科に夢中になりました。星や宇宙にも興味を持ち、中三の頃にはロケットに憧れて、宇宙航空学を学びたいと思うようになりました。

環境を考慮しなかった日本の科学技術発展

そういう、エジソンのような子ども時代を過ごしていた私でしたので、ここに進めと言われて通い出した進学校の雰囲気が全く合いませんでした。しばらくして学校の勉強をする意欲をなくし、今で言う不登校のような状況になってしまいます。

私の幼い頃からの友人たちの多くは中卒で就職していました。時々道で会っても、やりたくない仕事を安い賃金でやっているという話を聞いて、「どうして学校の成績や家の経済状況が違うだけで人生が変わるのか」と疑問が湧いて、「平等とは何か」という問いに取り憑かれました。私自身は恵まれていました。でも上昇コースにのうのうと乗ることには強い抵抗感が出てきました。

その頃、ある友達が、私にこんなことを話しました。

「仁徳天皇陵に棲んでた鳥が一斉に飛び立って山のほうに行ってしまった。あれはきっと、排気ガスに耐えられへんからや」

仁徳天皇陵を含む古墳群は、二〇一九年に世界文化遺産に登録されました。世界で一番大きな古墳です。何千本という樹木があり、森のようになっているため、鳥やたぬきなど小さな動物たちのすみかでもありました。でも、とうとう鳥たちも棲めない場所になってしまったのです。

日本各地で水俣病やイタイイタイ病など公害問題が叫ばれていた頃です。堺はそこまで大きな問題にはなりませんでしたが、空気は非常に汚染されていました。レイチェル・カーソンの『沈黙の春』(一九六二年、日本語訳一九六四年刊行)が出版されたのもこの頃です。

高校生の私は疑問に思いました。

「科学技術は、人間の生活を改善するものではなかったのか」

移動手段を簡便にする電車や飛行機、情報を簡単に入手できるラジオやテレビ——。人間の欲求を満たし、生活を快適にするために科学を応用した技術が次々と編み出され、新しい家電も普及していきました。

私たちはそれらを広い意味で「文明」と呼んでいました。日本ははるかに進んでいた西洋文明を取り入れるようになり、生活はどんどん便利になっていくように見えました。そして重化学工業に力を入れ、その後ある分野では世界一にもなりましたが、なぜか日本が世界に先駆けて公害王国になってしまった。

「科学や技術を発達させることは必要だし、人間の生活を改善していくことは大事である。だけど、科学や技術が発展すればするほど地球がどんどん汚染されていくことを、人間が目指していたはずはない」

私はそう思いました。

日本には、自然科学を教える教科として理科があります。その理科教育が根本的に間違っているのではないか。自然などの環境を考慮しなかった日本の科学技術、それを支えてきた人材、そして、そのような人たちを育ててきた理科教育には、根本において何か欠けていたのではないかと考え始めました。

文科系と理科系は分けられない

私は不登校状態でしたから大学に進学するということをあまり考えていなかったのですが、やはりロケットを打ち上げたいと思い直し、浪人して東大の理科I類に入りました。そこで理科系の学部で学び始めましたが、やはり本当に学びたいのは人間や、人間の平等性だと気がついてエイッと文科系に転部して教育学部に進学しました。そこでまずは、我々が求めてきた「科学的な知識」や「学力の中身」には、何か大事なものが欠落しているということで、科学とは何かから学び始めました。

あれこれ勉強しているうちに、C・P・スノー(1905-1980)の『二つの文化と科学革命』(一九五九年の講演、一九六〇年日本初訳)という本に出合い、その本にヒントを見つけました。

そこに記されていたのは、自然科学と人文科学、たとえば科学者と芸術家の互いの無理解についてでした。人間が世界を知ろうとするとき、自然科学的な方法、人文科学的な方法のどちらか一方だけでは世界はわからない、この二つに分かれてしまったことは大きな不幸だとも書いてありました。

しかし日本では、いまなお、自然科学と人文科学、理科系と文科系、などと学問を二つに分けています。このことにどんな意味があるのでしょうか。

もともと、サイエンスscienceという言葉は、ラテン語のscientia（スキエンティア）に由来する英語です。中世ではこの言葉の意味は「自分が生きている世界についての知」にすぎず、いまで言うところの自然科学だけを指すものではありませんでした。学問はどのように生まれたのかを振り返ってみると、そのことがよくわかります。

「我々の生きているこの世界はいったいどういう仕組みになっているんだろう」「世界は何からできているのだろうか」などと昔の人は考えました。そして、「なぜ私は生きているんだろう」「なんのために生きているんだろう」とも考えるようになりました。私たち人間は、はるか昔からずっと同じ問いを抱えてきたのです。

この世界には、私たちに食べ物を提供してくれる土や水があり、山や川という自然の風景がある。見上げれば空があり、夜には星や月が見える。一方で、人間が創り出した制度や、その社会を基礎づける文化というものがある。文化の中には、宗教や習俗などの目に見えない世界もある。それらをできるだけ体系的に知るために生まれたのが「学問」です。

紀元前八〇〇年から紀元前二〇〇年くらいには、世界のあちこちでさまざまな思想が起こり始めました。ドイツの哲学者カール・ヤスパース（1883-1969）は、この時代を「枢軸時代」と呼んでいます。これは、世界史の軸となる時代という意味で、世界のあちこちでさまざまな思想家が現れました。中国では「論語」にまとめられた孔子（B.C. 552/551-B.C. 479）をはじめ、「諸子百家」と言われた思想家たちが次々と登場します。インドやユダヤなどでは宗教的な思想が生まれました。

哲学がギリシアで生まれたのもその頃です。「万物は水からできている」「いや、空気だ」などと哲学者たちは思考し議論し始めました。その後、多くの哲学者が登場しました。人間は、自分が生きているこの世界のこと、そして自分自身のことを広く深く問い続けました。一七世紀後半まで、それらは哲学と呼ばれ、自然を対象とした哲学、つまりいまの自然科学は自然哲学と呼ばれていて、哲学の一つの分野にすぎませんでした。

一七世紀に『方法序説』を発表したデカルト（1596-1650）は、医学や自然科学への造詣も深く、哲学の思索の傍ら牛の解剖などもしていました。ライプニッツ（1646-1716）は、微分積分を発明した数学者でもあり、哲学者、政治家、外交官としても活躍しました。ヘーゲル（1770-1831）は道徳や法、家族や国家のことも大きく捉えてまとめました。

いまの学部に当てはめると、数学、物理学、化学、生物学、医学、天文学、農学、法学、文学など専門分野を分けることなく、当時の学者たちは世界を知るために何でも研究したのです。

分化した知識をつなぎ直す

学者たちの集まりであるアカデミーや大学などがつくられると、あれこれと分野をまたいで研究しているより、一つのことに特化しているほうが評価されるようになりました。それでも、「全ての学問はつながっている」ことを前提としていないのはおかしい、世界を知ることにつながらないという認識は確固としてありました。

そのような考え方が典型的な形で現れたのが、一八世紀中頃のフランスです。哲学者であり芸術の研究もしていたディドロ（1713-1784）が、哲学者、物理学者であるダランベール（1717-1783）とともに『Encyclopédie, ou dictionnaire raisonné des sciences, des arts et des métiers, par une société de gens de lettres』を編纂しました。これは日本では英語の読み方「エンサイクロペディア」、「百科全書」として知られています。

エンサイクロペディアとは、どんな意味でしょうか。ラテン語の encyclopædia に由来する言葉で、語源はギリシア語の enkykilios paideia（一般教育）です。ギリシア語のパイデイア paideia には、知識や教養、教育という意味があります。知識や教養をバラバラにしておくのではなく、サイクルすなわち円環状にすること、芸術や科学など全ての知識が一つにつながっていることが理想なのだという考えです。

ディドロとダランベールはその時代に急速に増えてきた「自分は○○学者だ」と主張する人たちに危機感を持ち、分化した知識をつなぎ直す作業をし、一つの本を作ったわけです。

統合を忘れてしまった近代の学問

一九世紀になると学問はさらに専門分化が進みます。日本にscienceという言葉が入ってきたのもこの頃です。学問が進んでいくと、それぞれの専門においての方法もどんどん洗練されていきました。

「科学」は、「科に分かれた学問」という意味の言葉です。学問には、分化していく法則性がありますが、分化したものは再び統合していくことが必要です。しかし、近代の学問においては、統合が忘れ去られていました。

分化してとことん追究すると、それぞれの学問がどこかでつながっていくのではないかと思う方もいるでしょう。しかし、最先端のことを追い続けながらつなげていくのはとても大変なことなのです。自然科学の研究をしながら、音楽のハーモニーにはどのような法則があるのか、美しい絵はどういう原理なのだろう、などと並行して取り組むことは実は難しい。そのため、先端化を目指すほど、学問は専門分化していきました。

世界は元来一つです。分化していくと、一つであることがわからなくなります。そこで、まず、先端化して細かく突き詰めたうえで、その学問を整理し、体系化してポイントを次世代に伝えていく必要が生じます。そうして生まれるのが「概論」です。近代以降の大学は、実は最先端のことではなく、概論を学ぶところなのです。最先端のことを教えても、学生はついていけません。最先端の研究のベースとなる、その分野で最も大事なことを体系的に整えた「概論」を教える場所となりました。

学問は、とるべき方法が明確で、誰もが追試できなければなりません。物事を詳細に分けて条件を整理し、方法を自覚して調べ、理論化することで科学は発展してきました。つまり、方法とデータ、その両方を明確にしていく必要があるわけです。

たとえば、「火事場の馬鹿力」はそのままでは研究の対象になりません。火事場のような特殊な環境で身体がどうなるのかを研究する方法は限定できず、数値化してデータにすることは大変難しいからです。

このようにして、研究対象として目に見えて数値化されやすいものが増え、反対に数値化されにくいものは減っていきました。そのため、学問と言える分野は徐々に限定され、近代、人間は、見えない世界や数値化できないものを学問の対象から外していきました。

心の働き、信仰に近づく世界、命に関わる世界、生きようとするエネルギーなど、心の深いところにある情報処理の部分は学問になりにくい。おそらく人類は、かつては天変地異を事前に感じたり、植物と動物と人間の命の響き合いを感じたりしていたのだと思いますが、近代の科学技術はそういうものを切り捨てて発展してきました。

しかし、本当にそれらを切り捨ててよかったのでしょうか。私がずっと感じていた、「何か大事なものが欠落している」という感覚は、そこにあったのだと思います。

たとえば、アッシジのカトリック修道士である聖フランチェスコ（1182-1226）は、鳥とも会話ができたと伝えられています。『聖フランチェスコの小さき花』という本の中には、小鳥たちに説教をする様子が記されていて、小鳥たちはその言葉にじっと耳を傾け、最後に祝福を受け、一斉に飛び立っていったとあります。

私は、これはウソではなく、そうした姿が人間の本来のというか、あるべき姿ではないかと考えています。もしかすると、このようなことを言うと滑稽だとか怪しいと思われるかもしれませんが、そう感じること自体が、近代的な知の特徴なのだと思っています。

いまこの時代に学ぶべきこと

二〇世紀になると、科学技術はさらに急速に発達していきます。先にお伝えしたような、私が少年だった時代がやってきます。科学技術は産業と結びつき、著しい成果の反面で公害問題、環境破壊などの問題が表面化するようになりました。

日本の近代の教育は、たくさん知識を身につけている人や、論理を上手に使って思考する人を優秀だとしてきました。命や身体あるいは感情・情動をカッコでくくり、その外側にあるものを知識化してきたのです。

東洋道徳とも言える魂の世界を切り離し、西洋技術だけを教えてきた（これは幕末の佐久間象山の言葉）ことの結果として、自然から激しいしっぺ返しを何度も受けているにもかかわらず、いまも私たちは、環境問題に対してまだ本気で取り組めていません。それに、環境問題は、私たちが取り組まなければならないいくつもの綻び（ほころび）の一つに過ぎません。

私が教育に関心を持ったのは、一〇代の頃に疑問を持ち始めたこのような思いが一つの動機となっています。これまでの教育や学びに、何か根本的な間違いがあったのではないか。学びを考える時、そのことを問い直し、考えることは前提です。

これから、どのような形でそれを取り戻していくかはとても難しい問題で、簡単に結論が出るわけではありません。ただ、最先端の教育はすでに新しい時代へと動き出しています。

たとえば、世界大学ランキングで一〇年連続ナンバーワン（QS世界大学ランキング2022）になったMIT（マサチューセッツ工科大学）は、日本でいえば理系の大学ですが、創造的な問題解決法を生み出すために人文科学や芸術、特に音楽を重視しています。同二位、三位のスタンフォード大学やハーバード大学なども似た努力をしています。理系と文系とを分けて専門分野だけを学んでいても、この世界を知ることはできないのです。これについても、本書の中で後ほどしっかりとお伝えしていきましょう。

人間が本当に身につけなくてはならないことは何か。いまこの時代に、何をこそ、学ばなくてはいけないのか。学んだことによって、何が子どもたちに身についていくのか。その中身そのものが、ようやく問われる時代になりました。

これらは、これからの社会を生きていく上で避けることのできない問いになっています。私たち自身を、私たちの地球という星を、どうしたら生き生きとした美しい星にできるのか。そのことについて知恵を絞って改めて考えることなく受験テクニックだけを身につけさせてしまっては、たぶん、子どもたちにも、子どもたちが生きる地球にも未来はありません。

子どもたちの学びを支える教育とは本来どんなものであり、いま子どもたちにどんな教育が必要なのか。この本を通してみなさんと一緒に考えていきたいと思います。

第2章

「教え」の教育から「学び」の教育へ

学校は「新しいことを知る場所」だった

二〇世紀後半、教育においては「どう教えるか」が中心的な関心事でしたが、近年ようやく「子どもたちが何を学ぶのか」から考えられるようになりつつあります。

教育に携わる人たちの関心が「教え」から「学び」へと移行してきた最も大きな理由は、「これさえ覚えておけば正しく生き、いい社会をつくる力を身につけることができる」と確信を持てるものがなくなったことでしょう。つまり、教師が子どもたちに啓蒙する教育の時代が終わったということです。この章ではその移り変わりについて押さえておきたいと思います。

私が子どもだった一九五〇年代は、学校が最も信頼されていた時代です。いまのように学校教育に対して親が疑問を持ったり、文句を言ったりする人はほとんどいませんでした。それはなぜでしょうか。

戦後、「民主主義が大事だ」「平和主義が大事だ」と言われても、戦前から生きてきた親世代は民主主義や平和主義についてよくわかりませんでした。家庭で上手に子どもに伝えることなどできません。

それぞれの家にはまだあまり本がなく、子ども用の雑誌も誰もが毎月買えるものではありませんでした。社会で話題になっていることを子どもにわかりやすく教えてくれるメディアもありません。吉野源三郎の『君たちはどう生きるか』（初版は一九三七年）などの本が出てはいましたが、自宅で読める人も限られていました。

世の中や社会のことなど、新しい事柄を知るためには、学校に行くしかなかったのです。学校で教科書を使って教えてもらったり、先生の話を聞いたりすることが、一番の知のツールでした。教師は、子どもたちや家の人たちが知らないことを知っていました。豊富な知識を持つ教師の話を聞くことは面白く、それだけで十分に満足できました。

子どもたちも、「僕たちが次の時代をつくるんだ」という思いを持っていました。本来、学校は社会を良くすることを練習する場です。社会の理想や目指しているものをみんなが共有していて、それを学校の中で学ぶ時、学校は信頼されるのです。

そして、いまに比べれば時代の変化もゆっくりでした。変化が遅い時代には、経験が豊富で知恵を持っている年長者が尊敬されます。時代の変化が速くなればなるほど、世代による感覚のズレが大きくなり、年長者の経験は古く役に立たないものになっていきます。

このように、知のツールが学校にしかなかったこと、学校が社会の理想を実現していく学びの場となっていたこと、そして時代の変化が遅いという三つの条件が重なって、教師は尊敬され、学校も大事な場所になっていたのです。

学校教育で教えることは子どもたちの知らないことばかりで、子どもたちは新しい知識に触れ、しかも社会の課題実現が語られる。誰しも「すごいなあ」「なるほど」と思ったものです。だからこそ、啓蒙的な教育が戦後のある時期までは十全に成り立っていました。教師たちがするべき工夫は「知識をなるべくわかりやすく教えること」でよかったのです。

ただ、その頃も、教科書の知識を一方的に教えるだけではない授業が実に豊かにされていました。

たとえば、地域の社会問題について取り組んだ有名な実践に、京都市立日彰小学校の「西陣織」（一九五三年）があります。（中西仁「永田時雄・『西陣織』再考」、二〇一三年）

これは、なぜ西陣織が廃れてきたのかを一年かけて調べる授業でした。この小学校の校区では西陣織は生産していませんでしたが、呉服問屋が多く、子どもたちにとって着物はとても身近なものでした。小学校五年生の社会科の授業で西陣織の作り方を調べ、工場を見学し、職人や大学の先生にも話を聞きに行き、そしてこれからどうすればいいかをまとめて発表する。いまで言うところの調べ学習に、一年がかりで子どもたちが取り組んだものです。

また、「生活綴方（せいかつつづりかた）」と呼ばれる実践で、子どもたちが日常生活をそのまま素直に文章で表現し、その表現を通して生活や生き方について考えるというものもありました。

これらは教えだけでなく子どもの学びに焦点を置いた教育で、五〇年代はこうした教育の模索が各地で行われていました。

「これ本当に役に立つの？」に答えられるか

日本の教育が大きく変わり始めるきっかけは高度経済成長政策でした。農業中心の社会をやめ、工業を中心にする社会へ急速に転換していく政策です。庶民は「農業、漁業、林業などはもうダメだから、おまえは学校に行って大きな会社に入れ」と自分たちの子どもに要求し始めました。その結果、教育、学校はより偏差値の高い学校に入るための訓練の場になり、授業は上手に点数をとる練習の場となっていったのです。

さらに学校と教育を大きく変容させるきっかけになったのが七〇年代のオイルショックです。原油価格が高騰し、日本中が大混乱に陥りました。化石燃料をベースとした重化学工業中心の産業社会の終焉を示唆する出来事でした。オイルショックにより、それまで右肩上がりだった企業は先が見えなくなりました。このままではダメだ、産業社会のあり方を変えなければと、造船や鉄鋼などの重厚長大のものを作る産業から、軽薄短小なものを作る産業へと変化が起こります。

七〇年代には、パーソナルコンピュータも登場します。コンピュータを作ることができなくても、ソフトの開発なら設備投資は少なくて済みます。その後、形のない情報産業やサービス業も一気に増えていきました。

教師や大人たちは、産業が大きく変化し、その変化が加速する中で、「これさえ学んでおけば生きていける」という確信を持てなくなっていきます。

八〇年代になると、子どもたちの身近な生活の中でも変化が起こります。自家用車が普及し、道路で遊ぶことができなくなりました。家の近所や地元でも遊ぶ場所は減り、テーマパークなどに家族で出かけるようになります。任天堂がファミコン（ファミリーコンピュータ）を発売し、子どもたちは家の中で遊び始めました。クーラーなどもどの家にも入り、生活はリモコン一つで営めるものになっていきました。

学校で教わることよりも日々の生活で出合うもののほうが新しくなり、学校は子どもたちにとって新しいことを教えてくれる魅力的な場所ではなくなっていきました。

また、親は電卓で計算をしているのに、学校の算数では暗算や筆算で計算をしなければなりません。「こんなことをして、いったい何の意味があるんだろう」と思う子が増えるのも当然です。教師たちが「これが大事だ」と思っていることの大部分が、子どもたちにとってはつまらないということが増えていきます。

中学生くらいになると、「これ本当に役に立つの?」と疑問を持ち、親や教師にたずねても、「とりあえず目の前の試験のために勉強をしろ」と言われるだけ。それでは、やる気が失せるのもしかたがありません。成績の良い子はそれでもまだ頑張ることができますが、成績がよくない子どもたちには、「つまんない勉強ばかりさせられて、頑張ったってどうせどこの大学にも行けない」という諦めのムードが漂い始めました。

時代に対応できない日本の学校

学校と社会の文化のズレが大きくなっていくにもかかわらず、学校は変わらなかったのです。つまり、学校は時代に対応できませんでした。若い世代はそのギャップをいち早く感じとります。

しかし、雑誌やアニメはすごい勢いで広がりました。やがてインターネットが始まり、新しい情報についてなら学校よりもメディアのほうが子どもたちにとってうんと魅力的になっていきました。塾も増え、計算などなら塾の方が教え方が上手という関係の逆転も起こり始めました。学校は急速に魅力を奪われ始めたのです。当然学校への不満・批判が起こります。でも学校の対応は自分を変えるのではなく、「生徒になめられてはいけない」と、締め付けを厳しくしてしまったのです。

もう一度六〇年代からの学校の流れを整理しておきます。五〇年代末には、「学力偏差値」が登場し、競争が合理化されます。「学力偏差値」は、六〇年代に予備校が使うようになって全国に広がり、そこから人間を点数で評価することが始まります。

その後、授業は科学技術時代ということで内容が難しくなり、結果、授業はどんどん加速して、「新幹線授業」と呼ばれるようになりました。そこから落ちこぼされた生徒たちの一部は、反抗したり喧嘩をしたりするだけでなく、生きていくことを楽にするために自分たちを痛めつけるようになったのです。

管理教育は七〇年代末からあちこちで強化されました。締め付けられた子どもたちは反抗し、学校は荒れる一方です。生徒が鉄パイプやバットで窓ガラスを割り、バイクで校庭を走り回ることが珍しくありませんでした。校内暴力は頻発し、一九八三年、警察庁が集計した校内暴力事件数は一年間で二一二五件（一九八四年版警察白書）に及びました。

当時、千葉県の公立中学校の教員試験を受け、採用面接でこんなことを質問されたと私に話した女子大学生がいました。

「あなたは生徒を殴れますか」

中学校で生徒になめられては話にならない、ほかの先生が生徒を殴っているのにあなただけが殴らないと生徒たちは余計に荒れると言われたそうです。いまでは信じ難いことですが、こんなことが日常的に起こっていたのです。

文化や産業が急速に変化し、大人たちの認識が追いつかず、学校はどんどん取り残されてしまいました。

社会の構造変革も日本は中途半端でした。本当は、八〇年代、九〇年代に、二一世紀に向けて社会を変革する施策を行うべきだったのですが、バブルに浮かれ、その崩壊への対応に精一杯で、あたふたしていただけでした。

八〇年代のサラリーマンの平均労働時間は、ヨーロッパではそれ以前よりおよそ三〇分短くなりましたが、日本は逆に長くなりました。テレビＣＭでは、「二四時間戦えますか」というキャッチコピーが流れ、父親が帰宅する時間はどんどん遅くなります。バブル経済に飛びつき、不動産や株などの暴落を引き起こし、銀行は大量の不良債権を抱えました。その後遺症が現在も続いています。

ヨーロッパ各国はそれまでの社会構造や政治をさまざまな点から見直して変革してきました。今後、幼児教育が一番大事になると考え、フランスやイギリスなど、早い国では九〇年代から幼児教育を無償にすることが検討されていました。フランスでは三〜五歳児を対象とした幼稚園は大半が公立で当初より無償であり、イギリスでは二〇〇四年までに全ての三、四歳児に対する幼児教育無償化を実施しています。一方で、日本が「幼児教育を無償にしなければ」と気がついたのは、二〇〇〇年以降で、実施されたのは二〇一九年一〇月でした。日本は世界に大きな遅れをとりながら後追いをしてきたと言わざるをえません。

いまだに日本は先進国だという幻想を引きずっていますが、GDPを見ても、世界の先進国の多くが右肩上がりで成長する中、日本だけは三〇年間ほとんど増加していません。さらに、男女格差も深刻です。ジェンダー・ギャップ指数は一五六カ国中、一二〇位（世界経済フォーラム二〇二一年）であり、G7諸国では最下位です。この現状は、見方によっては起こるべくして起こったとも言えるでしょう。

経済の変化によって学校教育も変わっていく

一九九〇年代前半のバブル崩壊以降、経済界は「失われた二〇年」に突入します。ゆとりを持って暮らせる人と、そうでない人との格差がどんどん広がっていったのですが、共通して、どのような状態になればみんなが幸せになれるのか、先の見通しがきかなくなりました。

教師たちは困りました。これからどのような教育をすればよいのか。時代を読んで、世界が軋轢（あつれき）を起こさないような生き方をしてもらうにはどんな教育をすればいいのか。

バブル崩壊後、一部の教師の目はＮＧＯ（非政府組織）に向くようになりました。ストリートチルドレンを支援する団体や、プランテーションでの搾取を改善しようと活動する団体など、海外ＮＧＯの講演会や勉強会に足を運ぶ教師が増えました。教師だけで構成された閉ざされた勉強会から解放され、世界の最先端で活動する人たちから学ぶようになったのは、教師の時代感覚の鋭さの現れだったと思います。ただし、そういう方向に切りかえたのは一部だけでしたが。

もう一つ、一九九〇年代になって普及したインターネットも教育に大きな影響を与えています。人類の歴史上、これほど簡単に情報を入手できる時代はこれまでありませんでした。関連情報を追ってネットサーフィンをするうちに、誰もがいっぱしの物知りになったような錯覚に陥ります。百科事典を家にずらりと並べる時代も終わりを迎えました。

検索すれば大抵のことはインターネットが教えてくれます。使い方をマスターすれば、先生より生徒たちのほうが知識をはるかに上手に集めることもできるのです。場合によっては先生よりわかりやすいかもしれません。

これからは、上手に教えてくれる先生の授業をユーチューブで探して、自宅でそれを見て勉強したほうがいいと考える人も増えていくでしょう。

教師と学校の役割

それでは、教師や学校の役割はどうなるのでしょうか。

「先生は君たちよりもたくさんの知識、新しい見識を持っているから話を聞きなさい」では、子どもたちに通用しなくなっていきます。

「昔は本で歴史を勉強したんだって？」と、珍しく思う時代が来るのも遠い話ではありません。

ただ、インターネットが万能かというとそうではありません。ネットリテラシーや批判精神がなければ、根拠のない情報も鵜呑みにして信じ込んでしまいます。逆に言えば、情報をうまく操作すればみんなが簡単に騙されてしまう世界が広がってきたわけです。実際に、ＳＮＳではさまざまなデマ、陰謀論も飛び交っています。

このような時代背景や環境の下で教師の役割を問い直してみても、これからのテーマは、「教師が知識をどう教えるか」ではなく、「子どもたちの学びをどう育てるのか」だということがわかります。

学校で教師が子どもたちにできることとして、たとえば次のようなことが考えられるでしょう。

同じテーマについて書かれた異なる文章を読み、「どっちが正しいと思う？」とみんなで議論をする。怪しい情報はどうすれば見抜くことができるのかを学ぶ。学んだことをみんなの前で表現して、「どうしてそんなことが言えるんですか」「そこはちょっと違うと思います」などと、質問を受けたり、批判されたりしながら自分の考えを検討する。異なる意見を持っている人とも討論を楽しむ場をつくる。

教育について考えるとき、考えなければならないのは、次世代の生きる世界です。次の世代は、前の世代が全く体験してこなかった新たな局面を体験するのですから、それに備えて上手に生きていく力をつけなければなりません。背景となる社会の大きな変化を捉えながら、「教え」から「学び」へ移行していくと同時に、その「学び」の内包を豊かにし、学び方を充実させなければならないのです。

そして親世代も、移り変わる時代の中で自己実現していくために、自分自身の生き方や学びについて考える必要があるでしょう。

これからの世代に必要とされる能力

さて、ここで少し海外に視点を移しましょう。

一九九三年、アメリカで国務省に勤務する人の職務上の成功と、選考したときの筆記試験の結果は一致しないのはなぜか、その原因を探る研究が行われました。アメリカの心理学者マクレランド（1917-1998）による分析の結果、優秀な職員には次のような特徴がある

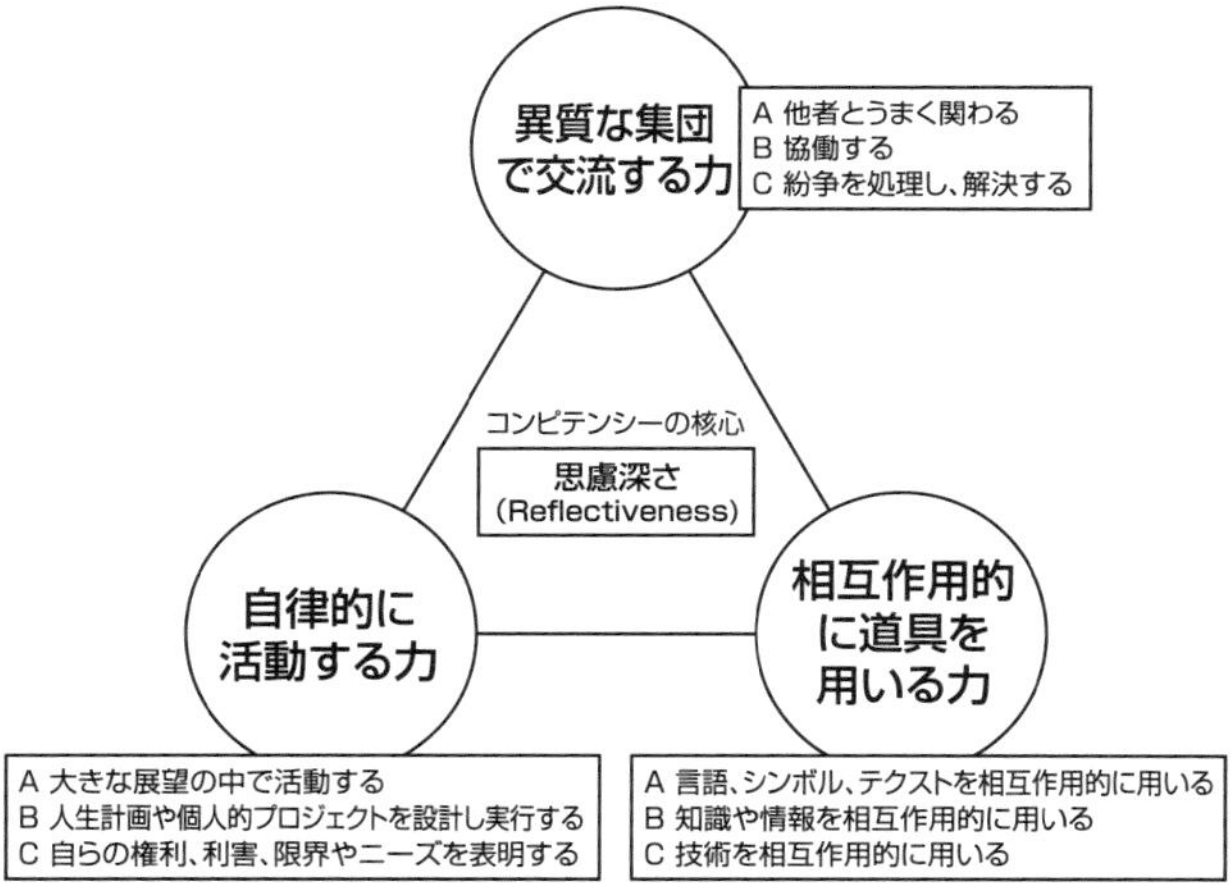

OECDのDeSeCoプロジェクトで定義された3つのキー・コンピテンシー
(国立教育政策研究所「キー・コンピテンシーの生涯学習政策指標としての活用可能性に関する調査研究」および白井俊『OECD Education 2030プロジェクトが描く教育の未来』ミネルヴァ書房を参考に作成)

ことがわかりました。

文化の違いがあっても、それを踏まえたうえで相手の真意を聞くことができる。対立している人を含めて、尊厳をもって他者を前向きに励ますことができる。そして、人間関係においてお互いの影響力やそれぞれの政治的立場を素早く理解でき、リーガルリテラシーが高い。

この研究結果が、一九九七年からOECD(経済協力開発機構)によって始められたDeSeCo(コンピテンシーの定義と選択)プロジェクトで定義された「三つのキー・コンピテンシー」につながっています。

コンピテンシーというのは、個別の

知識やスキルでなく、それを支える態度や個性、志向を含んだ能力のことです。DeSeCoプロジェクトでは、「豊かで責任ある人生につなげ、現在や将来の課題に対応していくためには、どのようなコンピテンシーが必要になるのか」というテーマが掲げられました。

図を見るとわかるように、三つの大きな柱には「異質な集団で交流する力」「自律的に活動する力」「相互作用的に道具を用いる力」とあります。そして、三つの柱とともに、その中央に配置された「思慮深さ」を身につけることがとても重要とされています。

これからますます複雑化する世界では、このような力を身につけて、ホリスティックな視点に立ち、世の中の文脈に即して考える必要があるでしょう。

二一世紀型スキルの重要性

この提案を一つのきっかけにして、いくつもの国や国際機関、シンクタンク、研究者などから、教育への提言が増えていきました。

めぼしい提言を二つご紹介しましょう。

二〇〇二年から、アメリカの官民共同で、幼稚園から高等学校までの教育内容の見直しが進められました。Ｐ21（二一世紀型スキルのためのパートナーシップ）と呼ばれる検討会です。そこでは、三つのＲ（読む力、書く力、計算力）と四つのＣ（批判的思考力、コミュニケーション、協働性、創造性）が必要だと提案されています。

二〇〇九年からはじまったＡＴＣ21ｓ（Assessment and Teaching of 21st Century Skills）は、マイクロソフトやアップル、インテルなどの企業が出資している産官学の共同プロジェクトですが、彼らは二一世紀型スキルとして四つのカテゴリーと一〇のスキルを提言しました。

・思考の方法
1　創造性とイノベーション
2　批判的思考・問題解決・意思決定
3　学び方の学習・メタ認知

・働く方法
4　コミュニケーション
5　コラボレーション（協働性）

・働くためのツール
6　情報リテラシー

7　ICTリテラシー
8　地域とグローバルの良い市民であること
9　人生とキャリア発達
10　個人の責任と社会的責任

・世界の中で生きる

これらは、自分たちの会社に有用な人間はどういう人かという視点でまとめられたものですが、ある程度の汎用性がある内容になっています。

創造力とイノベーションにより新しいものをどんどん生み出すこと。そのまま鵜呑みにするのではなく批判する力をつけること。学び方やコミュニケーション、コラボレーションを学び、情報リテラシーをつけて、新しい技術に対して前向きであること。さらに、最後の「世界の中で生きる」というカテゴリーも大変重要です。地域と国際社会でのシチズンシップがあり、自分の人生を自分で設計でき、社会における責任を自覚していること。

これらは、OECDによるキー・コンピテンシーを少し発展させた内容だと捉えていいと思います。もしかすると、グーグルやアマゾンなど、GAFA創始者のうち三人はモンテッソーリ教育を受けていることも、影響しているかもしれません。

モンテッソーリ教育は、イタリアの教育家であり医師でもあったマリア・モンテッソーリ（1870-1952）が提唱した教育法です。子どもは自分で自分を伸ばしていくという考えをもとに、独特の教育方法を学校でも行っています。アメリカのオバマ元大統領や棋士の藤井聡太王位・棋聖がモンテッソーリ教育を受けていたことも話題になりました。自分の興味のあることに集中して取り組む時間を保障されることは、新しいものを生み出す力に結びついていくと言えるでしょう。

最近、ビジネス界では「ＶＵＣＡ（ブーカ）の時代」という言葉を耳にするようになりました。これは昔からある言葉ですが、ＯＥＣＤが二〇三〇年は「予測困難（Volatility）で不確実（Uncertainty）、複雑（Complexity）で曖昧（Ambiguity）」な時代になると予測し、近年新たに使い始めています。そのような時代を生きていくためにはこれまでの教育では難しいということを、経済界の最先端にいる人たちは危機感を持って肌で感じているのです。

このようにさまざまな二一世紀型スキルの提言もあり、ニュージーランド、オーストラリア、フィンランド、ポルトガル、シンガポール、イギリス、アメリカなどの国が、キー・コンピテンシーを取り入れてカリキュラムを刷新していますが、率直に言って日本は世界から遅れをとってしまいました。

キーワードはエージェンシー（当事者性）

キー・コンピテンシーに始まる次世代に必要な能力については、このように四半世紀ほど前から絶え間なく検討され続けてきました。

そして、このキー・コンピテンシーがどれくらい身についているかを問うのが、OECDによる学習到達度調査、PISAです。日本の順位が下がったと話題になり、「ゆとり教育」が見直されるきっかけとなったものですが、実は多くの人が誤解をしています。

PISAは、一般学力調査ではありません。その目的は、「義務教育修了段階（一五歳）において、これまでに身につけてきた知識や技能を、実生活の様々な場面で直面する課題にどの程度活用できるかを測る」とあり、そのための内容は「読解力、数学的リテラシー、科学的リテラシーの三分野（実施年によって、中心分野を設定して重点的に調査）」と設定されています。

つまり、キー・コンピテンシーがどの程度身についているかを測るものなのです。その上で、なぜ日本の順位が下がっているのかについて検討することが必要だったのです。

OECDは、とても熱心にこれからの教育について考え続けています。キー・コンピテンシーから進化して、二〇一九年にはエージェンシーという概念が重要なキーワードとして発表されました。

エージェンシーとは、どのような意味でしょうか。日本語に訳しにくいため、そのまま「エージェンシー」として使われることが多いのですが、OECDによると、「変化を起こすために、自分で目標を設定し、振り返り、責任を持って行動する能力」だと定義されています。

私は、これを「当事者性」と訳したいと思います。「自分はその当事者である」という感覚です。「二一世紀的当事者性」と言えるかもしれません。全てのことを当事者として考え、お互いの当事者性を尊重し合うという意味をこの言葉に込めたいと思います。

当事者研究から学べること

当事者性を大事にするという考え方は、日本でも独自に生まれています。

その一つのきっかけが、北海道浦河町にある「べてるの家」の「当事者研究」です。浦河はアイヌの人たちがたくさん住んでいる町で、競馬用のサラブレッドが育てられている場所でもあります。

べてるの家は、日赤の総合病院浦河赤十字病院に勤務していた精神科医の川村敏明さんと、社会福祉士の向谷地生良さんらが、「統合失調症の人がずっと病院の中に閉じ込められ、投薬され続けるのはおかしい。町で暮らすことができないか」という思いを共に抱きながら、さまざまに模索して一九八四年に設立されました。精神障害のある当事者の地域活動拠点です。そこでは精神障害のある人たちが生活を共にし、日高昆布の通信販売やカフェの運営、お互いのケアなどをしています。

当事者研究は、統合失調症で妄想や幻聴に悩まされる当事者たちが、自分の妄想や幻聴についてお互いに共有しながら自分自身の研究を進め、自己コントロールする力をつけていく取り組みです。

べてるの家の人たちは、仲間と自分の研究をすることで、妄想や幻聴が出ても自分で対応できるようになったり、困っていたことが改善されたりするようになりました。そのことが注目され、さまざまな人たちに応用できるのではないかと多くの人がこの方法に注目しました。

その一人が、東京大学先端科学技術研究センターの小児科医、熊谷晋一郎さんです。熊谷さんはこの当事者研究を、発達障害を持つ人に応用できないかと研究を始めました。自分がそれまで隠していた悩みや困ったことを表現し、それに対してどのように対処していくかを、互いに支え合いながら研究しています。

自分自身が困っていることを理解し、人に助けてもらうところを明確にし、そして自分の中にある良さを認めていく。そうすれば、そのことを理解してくれる人たちがいるコミュニティで助けを求めることができるようになり、それまで困っていたことも困らないようになっていくのです。

いま、当事者研究は、精神疾患や障害を持った人たちにとって大変重要な営みになっています。

熊谷さんは、「自立とは依存先を増やすこと」と言います。私たちは、誰かに依存しなければ生きていけない。これは、障害がある人だけではありません。障害があってもなくても、人間はたった一人では生きていけません。

そうして支え合っているべてるの家の人たちや、当事者研究をしている発達障害の人たちは、これからの時代に必要な力、エージェンシーを身につけていると言えるでしょう。

ホーリズムで世界を見る

これまでの日本の教育において、このようなエージェンシー、つまり「当事者性」を育てることはあまり重視されてきませんでした。

それゆえでしょうか。たとえば、二酸化炭素が増え、温暖化が進んでいるデータがたくさん出ているにもかかわらず、実際にはなかなか削減が進みません。カーボンフリー（脱炭素化）やカーボンニュートラル（温室効果ガスの排出を全体としてゼロに）と言い始めたのもつい最近のことです。

その理由として、「環境破壊は知識として知ってはいるけどよくわからない」「私だけ頑張っても大して変わらない」「私がやらなくても誰かがやってくれる」などのように、一人ひとりが自分が当事者だと認識できていないということがありました。

しかし、全体が上手に共生し合わない限り「個」はありません。それぞれが生きる論理を尊重し合うことを共生と言いますが、自分を大事にしようとしたら、自分の周りにいるあらゆる存在が、それぞれの論理で生きていることを尊重する必要があります。それによって初めて支え合いが生じます。自分を大事にするためには、自分のことだけではなく、自分の周りにいる生き物全体を大切にし、応援しなければなりません。

このような考え方を、ホーリズムと言います。人間はこれまで、森林を伐採するときにそこに棲んでいる虫など気にしませんでした。しかし、森の動物も、鳥も、虫も、その生態系に暮らし、お互いに棲み支え合う関係です。それらすべてが森という「全体」（ホール）を構成しているのです。

いま、世界中で山火事が多発していますが、そのニュースを見てみなさんは何を考えますか。「人間にとって役に立つ木がなくなってしまった」としか考えないとしたら、それは、いかにも二〇世紀的な思考です。山火事が起こったとき、私たちが深刻に考えなければならないのは、「森にいる動物たちはどうやって暮らしているんだろう」「止まる木がなくなったら鳥たちはどこで寝るだろう」ということです。

山火事によって、広大な森に棲んでいた動物や鳥、虫たちの命は奪われ、棲む場所をなくしてしまいます。火事が終息して森が再生するとき、種を遠くまで運んでくれる鳥がいなくなっていたら、植物は以前のようなスピードでは増えません。

緻密な連鎖で成り立っていた世界が一挙に崩壊してしまうことや、そこに自分も含まれていることまでイメージして、全体を考えることができるか。これからはこのようなエージェンシーが重要になっていきます。

思考のしかたを変える

先にお話しした「VUCAの時代」、つまり「予測困難で不確実、複雑で曖昧」な時代に向けて、これから何を教えるか、どう学ぶかと考える前にもう一つ大事なことがあります。それは、マインドセットをどう組み替えていくかです。

二〇世紀的な思考のしかたはもう限界です。世界で次々に起こる問題を解決できないのはなぜか。それは、その問題をつくってしまった時代の思考の枠組みと変わらない思考の枠組みで問題を解決しようとするからです。つまり、自分たちの「思考のしかた」や「その思考に基づく行動」が大きな問題をはらんでいたことに関心が向いていなかったということです。

出てきた問題にモグラ叩きのように対処しているだけでは根本的な解決はできません。出てくるモグラを叩くのではなく、モグラが出てこないためにはどうすればいいかを考える、そういう思考の枠組みを身につける必要があります。古い世代が次の世代に「私たちはこんな枠組みで思考してきたから、君たちも同じように考えなさい」と伝えても、意味がありません。

人類の長い歴史の中で、アインシュタイン（1879-1955）を始め多くの哲学者や発明家、時代を牽引した人たちが繰り返し言ってきたことですが、古い思考の枠組みで考えても、新しい問題は解決できないのです。

実はどんな時代でも、どんな人でも、無意識のうちに、ある前提的な枠組みや色眼鏡でものを見ています。「これはこういうものだ」「これが常識だ」という思い込みや価値観を通して物事や世界を見ている。そのことをまず自覚することが大事です。

とはいえ、ある価値観や認識の枠組みから全く自由になって認識したいと思っても、それはできません。人間は何らかの眼鏡をかけないと世界が見えないのです。だからこそ、前提的な枠組みや色眼鏡を一度全てチェックし直して、何が大事で何が大事じゃないかを見極めること、マインドセットを切り替えることが必要です。

科学史家のトマス・クーン（1922-1996）は、「科学というのは一つのものの考え方にすぎない」と言いました。また、ノーウッド・ラッセル・ハンソン（1924-1967）という科学史家は「ある仮説をもってしかものは見えない」と言っています。仮説が悪ければ、ものは歪んで見えてしまう。科学というのは、一つの仮説に基づくある種の強い色眼鏡をかけて世界を見たときに、世界を数理で分けて説明しようと試みているというのです。

ハンソンは、「あなたがなんとなく顕微鏡を見たとき、どこにがん細胞があるかわかりますか」と問いました。きっとこの本を読んでいるみなさんの多くも、そして私も、何も聞かされずに顕微鏡をのぞいたときにはがん細胞を見つけることができないと思います。「ここにがん細胞があるはずだ」「もしあるとしたらこういう形ではないか」という仮説をもってアタリをつけながら顕微鏡を見るからこそ、「あ、これかな」と見つけることができるのです。つまり、「がん細胞を見つけたい」という「眼鏡」を持っていないと、がん細胞は見つかりません。

私たちの目の前に広がる世界も、仮説をもって見なければ有象無象の世界でしかなく、私たちはそこに何も見つけることができないのです。それはつまり、生まれたばかりの赤ちゃんに見えている世界と同じです。

社会や人間を対象にすると、その色眼鏡はさらに度が強いものになっているはずです。たとえば、「数学が得意な人は頭がいい」「男と女の役割は違う」などと思い込んではいないでしょうか。もしそうだとしたら、そのような偏見を繰り返し社会に刷り込まれ、知らないうちに独特の（古い）色眼鏡をかけてしまっていると言えます。

さて、ここでもう一度日本全体に視点を戻しましょう。

高度経済成長により産業が大きくなって、たくさん便利なものを作り、生活が楽になっていった日本では、「生産力をどんどん上げていくことが人間の幸せにつながる」という色眼鏡が、誰の目にもありました。さらに生産力を上げるために、材料や労働力がより安いところを探そうという動きがありました。

より安く、より効率的に、より速く、より大きく。競争が企業の論理になりました。たくさんものを作るためには資源やエネルギーをたくさん使います。資源が再生するよりも使うスピードが速ければ、枯渇してしまうのは当然です。

「生産力が上がることは、本当に人間の幸せにつながるのですか」

「たくさんものを作れば人間は幸せになるのですか」

そんなことを問う人はほとんどいませんでした。その結果がいまの世界です。

いま、全ての前提となっているものの考え方や価値観を問い直すことが必要です。次の世代である若い人たちには、ぜひ、私たちの世代とは違うマインドセットを持ってほしいと願います。これが、これからの時代の大事なテーマになっていくと私は考えています。

ＳＤＧｓを教育現場に積極的に取り込む

私はここ数年、ＳＤＧｓを保育の現場に持ち込み、どのように取り組んでいくことができるのかを保育士のみなさんと共に考えています。ＳＤＧｓに私が惹かれた理由は、二一世紀的な問題を解決するためにはマインドセットを変える必要がある、という要素が入っているからです。

ＳＤＧｓとは二〇一五年の国連サミットで採択された「持続可能な開発のための２０３０アジェンダ」です。これは二〇三〇年までに全ての国連加盟国が達成を目指す国際目標で、全部で一七の項目（目標）があります。この数年で認知が広がり、学校の授業や一部の企業でも取り上げられることが増えてきました。

たとえばその一つ目は、「あらゆる場所であらゆる形態の貧困をなくす」です。貧困にもいろいろな形態があります。日本でも相対的貧困や子どもの貧困などが注目されていますが、生活費がないという意味だけに留めず、憲法の第二五条第一項で規定された「すべて国民は、健康で文化的な最低限度の生活を営む権利を有する」という条件が奪われていることまでを貧困と定義してはどうかと私は提案しています。

「健康で文化的な最低限度の生活」にはさまざまな要素が含まれます。病気になったとき医者にかかることができることももちろんそうですし、子どもが人間として豊かに育つためには、たとえば家庭の中の会話が豊かであることも必要です。

父親や母親にゆとりがなく子どもに共感することが減り、結果として子どもの自尊感情を育むことができないことも、大きな貧困問題だと考えられます。ＳＤＧｓの精神に従えば、そのように子どもに関わることのできない親や養育者たちを、もっと深いところで応援する必要があります。

貧困やジェンダーの問題は、日本でも深刻です。このような現実をただの数字として見るのではなく、エージェンシー、当事者性を発揮して、知っている人がもしそうなったら、家族がもしそうなったら、自分がもしそうなったらと考えることが必要です。当事者として考えるのです。そう考えることのできる子どもたちが育っていくことが必要です。

自分が属している社会をみんなが上手に幸せを追求できる社会に変えていくことで、私たちは安心して生きていくことができる。ＳＤＧｓを考えることは、子どもたち一人ひとりの幸せを考えることでもあると言えます。

グローバルではなくグローカル

「何を、何のために学ぶか」と考えるとき、自分が生きている社会や世界の課題について考え、そして希望を見出すために学ぶことが大事だと先に言いました。幼い頃から、保育や幼児教育、学校教育、家庭などで、そのマインドセットのベースを子どもたちと共につくることができると私は考えています。

いまの社会では、多くの問題がグローバル化して、自分の足もとの問題が地球規模の問題とつながっています。世界の問題と捉えると解決が非常に困難に見えますが、逆に、自分の足もとをしっかり見れば、グローバルな問題が見えてくるのです。見えてくれば、その目の前の小さなことから取り組んでいくこともできるはずです。

発想はグローバルに世界規模で考え、でも行動はローカルに住んでいる地域や身の回りでできることから実践していく。グローカルという言葉も生まれてきました。

自分が実際に行動したことが世界とどう関わっているかを考える。世界で起こっていることが自分の仕事や行動とどうつながっているかを考える。このようなマインドセットを持つことが、これから必要になっていきます。

「食べ物を無駄にしないようにしようね」「これは肥料にすることもできるね」「自分たちで作れば買わなくてもいいね」などと普段から気をつけて生活することで、子どもたちは自分たちの暮らす地球の環境について深く考えるようになっていくでしょう。

地球環境をなんとか二二世紀につなげたい。どんな地域の人も幸せに生きていける社会にしたい。ジェンダーギャップをできるだけ埋めたい。障害を持っていても生きていてうれしいと思える社会にしたい。

そう思え、そうなるためには、自分は何をすればいいのかを学ぶ。それが、学びの大きな目的の一つだと思います。

本当のインクルーシブとは

ＳＤＧｓでは、「誰一人取り残さない」という理念も掲げられています。そのために欠かせないのは、ダイバーシティとインクルージョンという概念です。

ダイバーシティとは、「多様であることを認める」だけでなく「多様であることこそが豊かである」という考えです。私たち人間は本来とても多様な生き物で、地球上には多様な生物が共生しています。逆に言えば、均一であることは豊かとは言えません。

インクルージョンは日本語では「包摂」と訳されます。ＳＤＧｓの四番目も「あらゆる人に包摂的かつ公正な質の高い教育を」と訳されていますが、これでは意味がわかりづらいかもしれません。私はインクルーシブ、インクルージョンという言葉のままで使うことが多いのですが、それは、多様性を尊重し合い、共に成長することを意味します。

特性の違いが一人ひとりにあることを前提としたうえで、障害があってもなくても、あるいは人種や性別、年齢によっても、差別されることがなく、公平であり平等であると考えるということです。そこには、大人が子どもたちを一人の人間として尊重することも含まれます。

文部科学省では、インクルーシブ教育を「障害を持っている子とそうでない子が同じ教室で同じ教育を受けること」という意味で使っていますが、ただ同じ教室で同じ教育を受けるだけでは、インテグレーティッド・エデュケーション、統合教育だと言えます。インクルーシブ、インクルージョンは、もっと相互関係的な言葉です。

障害を持っている子とそうでない子が一緒に生活することで、お互いをより深く知り合い、尊重し合い、支え合える。支え合うことによって、お互いの存在意義が見えてくる。

人間観が深まり、相互に学び合いながら成長できる。そういうことが起こることがインクルーシブ教育だと私は思います。そして、これが二一世紀の社会構成の原理になっていく、いや、原理にしていかねばと考えています。

ＳＤＧｓの四番目にある「質の高い教育」とは、どんなものでしょうか。子どもの苦手なことを見つけてそれを改善させようとすることは、質の高い教育とは言えません。どんな人間にもそのままで価値があります。ダメなところを改善するのではなく、得意なところを伸ばし、その力を発揮できる場をつくることが必要です。インクルーシブな価値観を身につけるということは、「いろいろな人が一緒にいて、それぞれにそれぞれの存在価値がある、そう感じるから楽しい」と心から思える状態なのです。

本当のコミュニケーション

いま、日本の大きな問題はもう一つあると思っています。それは、コミュニケーションがうまくできなくなっていることです。

コミュニケーションというのは、自分のことをうまくアピールすることではありません。いま、日本では、空気を読むことができる、その場で中心になる人の機嫌を損ねないように忖度ができる、それがコミュニケーション能力が高いということだと勘違いしている人も多いのではないかと思います。

学校でも会社でも、どこかで必ず競争が起きていて、「絶対に人に本音なんて言ってはいけない」と思われていることも問題です。

本来、コミュニケーションとは、価値観や立場の異なる相手でも、その相手の気持ちを尊重し、受け止め、自分を隠さずに表現し、お互いに心が深く結ばれ合っていくことです。

もちろんお互いに配慮は必要ですが、「この人は、私のことをわかってくれている」と感じられ、本音を言っても感情的にならず、理性的にお互いに話し合えなければ、コミュニケーションができているとは言えません。

先に触れたような、本当のインクルーシブな価値観を持つからこそコミュニケーションが成り立つのです。

喜びや悲しみを表現し合い、自分とは違う人と心でつながれたら、一番うれしいことでしょう。そういう関係をこれからどのようにつくっていくかも、教育や学校が考えるべきテーマであると思います。

新しい教育の軸は「未来世代の権利」

この章の終わりにお伝えしておきたいことがあります。

まず一つは、ジャック＝イヴ・クストー（1910-1997）というフランスの思想家についてです。

クストーは「未来世代の権利」ということを初めて提唱した人で、地球環境保護運動や海洋考古学の先駆者でもありました。晩年になると、地球倫理について研究を進めた海洋学者でした。

彼はモアイ像で有名なイースター島の周りの海底調査をしたときに、こんな発見をします。「イースター島の文化が滅びたのは、木を切りすぎて森が無くなってしまったことによるのだ」と。そして、このままでは、人類はイースター島と同じ運命をたどると警告しました。そして、生物の多様性と文化の多様性は結びついているということも強く訴えました。

クストーは子ども、孫、そのずっと先の世代までのことを考え、「子ども」と言わずに「未来世代」と表現しました。私たちは未来世代からこの地球を託されているのです。

そしてもう一人、ドイツの哲学者のハンス・ヨナス（1903-1993）も『責任という原理』という本に「未来世代」について記しています。その本の副題は、「科学技術文明のための倫理学の試み」ですが、そこで、彼はこんなことを訴えています。

「いま、人類の倫理学で一番欠けているのは、未来の人が幸せに生きていくために私たちがいまどうすればいいのかということだ。現在、環境破壊は未来世代の人類も脅かしつつある。だから、現在世代は未来世代を存続させる責任を負う」

この二人の「未来世代」の「権利」や「責任」という言葉を受けて、私たちが子どもたちにどのような教育ができるかを考えるならば、これからの教育において大切なことは、子どもたちがこの地球を大事にしてくれるように育てることだと思います。そうしない限り、未来世代は幸せになれません。

ＳＤＧｓの国連の文章の中には、「持続可能性というのは、その未来世代が自分たちのニーズを実現しようとしたときに、それができるようにすること」とあります。クストーやヨナスの考え方を、これからのマインドセットの軸として取り入れるべきでしょう。

子どもたちは対等なパートナー

日本において学校を上手に軌道修正していくためには、教育現場や社会が、「こうすればみんなが幸せになる」という目標を示し、子どもたちと一緒に学ぶ姿勢になる必要があります。

そうなったときに再び、「学校っていいものだなあ」と誰もが感じられるようになり、学校は信頼を取り戻すことができるはずです。

しかしいまはまだ残念ながら、そうはなっていないようです。

学校が、ようやくＳＤＧｓにも取り組み始めたことは、学校教育を確実に変えていくと私は期待しています。ＳＤＧｓには、地球環境や貧困の問題だけでなく、いま、人類が抱えている課題が全て含まれてもいるからです。

ＳＤＧｓの最後、一七番目には「パートナーシップで目標を達成しよう」とあります。パートナーシップには、「全ての相手が対等なパートナーなんだ」という考え方が含まれています。これは、民主主義の考え方です。

教師と子ども、親と子ども、どんな関係であっても、子どもを「一緒に生きていく対等なパートナー」と見ることで、その関係性は大きく変わっていくはずです。そうすれば、子どもたちにとっての「学び」の意味も変わっていきます。そして、「学び」が子どもたちの生き方を支え、未来世代を支えることにつながっていくはずです。

第3章

「学び」と「教養」

学びの定義

第2章では、「教え」の教育から「学び」の教育への大きな転換の背景と、世界や日本の状況についてお伝えしました。そして、学校教育を上手に軌道修正していくためには、学校や社会が、「こうすればみんなが幸せになる」という目標を示し、子どもたちと一緒に「学ぶ」姿勢になる必要があると述べました。

だとしたら、その「学び」とは、どのようなことを指すのでしょうか。

ここで改めて、いま、私たち・子どもたちにとって必要な「学び」について定義しておく必要があるでしょう。

「学び」とは、脳の中に情報処理の回路が新しくできること

「脳の中に情報処理の回路が新しくできる」をさらに別の言い方で置き換えるならば、大きく次の二つのことが言えます。

一つは、「新しいことを知る」。ここには、新しい知識を得ること、あるいは知識の構造を組み替えて何かが新しく見えてくることも含まれます。

そしてもう一つ、「新しいスキルを身につける」。

一つ目の「新しいことを知る」つまり、新しい知識を得る、あるいはその知識を組み替えて何かが新しく見えてくることを、私たちは「わかる」と呼んでいます。

「わかる」はさらに三つのレベルに分けられます。

1 言葉・名前を知る
2 対象の属性を知る
3 現象の背景にある法則を知る

「学び」について理解するために、まず「わかる」の三つのレベルがどのようなことか、詳しく見ていきましょう。

1 言葉・名前を知る

「わかる」は、言葉・名前を知ることから始まります。これが第一のレベルです。

言葉や名前は、人間が編み出した認識のためのツールです。この世の中にあるものは、名前がないままでは、その対象を切り分けて認識することができません。名前がない世界は無限の情報でしかないのです。五感で世界を感じていても、その感じが何かさえわからず、ただぼんやりと何かを感じるだけです。

存在している世界に区切りを入れ、分節し、それぞれに命名してはじめて、私たちはその対象を認識できるようになります。そして、「これから、いつもこの名前で呼ぼう」と誰かと共有することで言葉が生まれていきます。

私たち人間は、長い歴史の中で「動いているあれを○○と言おう」「この動物を△△としよう」「これはウサギかな。いや、ウサギに似ているけどここが少し違うからネズミと呼ぼう」などと、一定の基準で世界をどんどん分け、それぞれに名前をつけて共有してきました。

特定の対象の世界に区切りを入れて、「ここは××」と名付けて分けていく。

「こういうのを重いと言う。こういうのは軽いと言う」
「このような動きは、歩く。このような動きは、走る」
「この感覚は、かゆい。この感覚は、痛い。この感覚は、くすぐったい」

区切りを入れ、分節するとはどのようなことでしょうか。

たとえば、色の名前を見ると、その区切りのつけ方がよくわかります。世の中に存在している色はグラデーションになっていて明確な区切りはありませんが、「ここからここまでは黄色、ここからここまでは黄緑、ここからは緑色」と、視覚的な特徴によって、人間の都合で区切りを入れて名付けているのです。

日本には、浅葱（あさぎ）色や藍色など、外国にはない色の名前がたくさんあります。このことから、色に対する感性の違いや、色の区切りを自然と関連させていることがわかります。同様に、イヌイットは、雪を表す言葉を複数持つと言われますが、言語が違えば、同じ雪を見ても、世界の認識のしかたが異なってくる可能性があるのです。これを、言語相対性（サピア＝ウォーフの仮説）と言います。人の思考は、母語の言語に影響を受けるのです。

また、個人が新しい言葉を覚えていくときも、世界を切り分けて名前をつけ、そして認識するという最も初歩的な体験を個人でしていることになります。

幼い子どもが話し始めた頃、乗り物全てを「ブーブー」と呼ぶことがあるかと思います。

違いを認識し始めると、大きなものは「バス」小さなものは「ブーブー」と分かれるかもしれません。さらにそれぞれの特徴が見分けられるようになると、「救急車」「トラック」などと種類も増えていきます。車に興味がある子どもは小さな違いを見分け、メーカーや車種まで言えるようになるかもしれません。

あなたの目の前に何本か木が生えていたとしましょう。木に全く興味のない人にとっては、どれも「木」ですが、木に興味のある人にとっては、違うものに見えます。

「これはケヤキ。これはブナ。こっちはミズナラかな」

存在している木の世界に区切りを入れ、一定の分ける基準を知ることで違いを認識できる。言葉や名前を知って見分けることは、世界の分節の特徴を知ることと同じです。言葉や名前と分節の特徴を紐づけて見分けられるようになったとき、その対象についての理解が深まっていきます。

言葉や名前を知ることは、「学び」の第一歩として、実はとても大きな意味があるのです。世界を認識していくための最も初歩的な方法であると同時に、その対象と自分の距離を近づける入り口に立つ行為だと言えるでしょう。

2 対象の属性を知る

言葉・名前を知ると、次に、その対象の属性に興味が湧きます。属性というのは、備わっている性質や特徴のことです。これが「わかる」の第二のレベルです。

「この木はマユミ。とてもしなやかな木で、昔はこの木でつくった弓が一番いい弓だとされていた。そのため真弓と呼ばれるようになった」

その対象が持つ属性を知ることで、いろいろな知識が紐づけられてくると、自分にとって親しみが持てるものになっていきます。

たとえば、「鳥居」について属性を知りたいと思ったとき、その色が気になったとします。「なぜ朱色なんだろう」と調べてみると、その朱色は硫化水銀でできた鉱物で毒性もあり、魔除けや防腐剤として使われてきたことがわかります。太陽のイメージを持つ朱色に願いを込めていたのかもしれない。属性を知ると、「鳥居」についてさらに深く興味が湧きますし、派生して「魔除け」について興味が湧くかもしれません。

なぜそうなっているのか、それがどういういきさつでできたのかなど、物事の裏にあるそのものの属性に興味を持ち、知れば知るほど、そのものに対する思いが深まっていき、その対象の背後にある属性、隠れている属性を少しずつ明らかにしていくことになります。それが喜びとなって、関連することを「もっと知りたい」という気持ちも生まれます。

3　現象の背景にある法則を知る

言葉・名前を知り、その属性を知ると、現象の背景にある法則にも気づけるようになっていきます。これが「わかる」の第三のレベルです。

たとえば、近年、台風や大雨による水害が増えています。台風や大雨についてその属性を知った上で現象について考えるとき、背景に、ある程度の法則を見つけることができます。天気予報はその法則を使っています。

知識を並べて、一見つながりのないものも、実はつながっているのではないかと仮定し、それまで見えなかった法則が見えるようにつなげていく。このようにして現象の背景にある法則を明らかにすることは、学問と言われている行為そのものです。

言葉・名前、その属性を知るところまでは、知識を増やせばできるのですが、その背景にある法則を見つけるためには、特化した思考やつながっていないものをつなげる努力が必要になります。その対象に関する専門性と言ってもいいでしょう。

それは社会学や心理学でも同じです。たとえば自殺は、自らの命を断つことですが、本人だけが原因で行う行為ではありません。同じ条件に見えても、この国は自殺者が多く、あの国は自殺者が少ないということが起こります。人生にはさまざまな困難が起こりますが、あまりに過酷な状況に陥ったとしても、自殺するかどうかは別の問題です。「死にたい」と思ったときに救ってくれるシステムがあるか、宗教によって自殺してはいけないと定められているかなど、その人の暮らす社会や文化、環境も大きく影響します。そこに法則性を見出すことで学問になっていくのです。

法則を見つけ出すまでに至らなくても、言葉を上手につなげることで、その対象との距離が変化し、関わり方が更新されることがあります。

分節したものを再び統合していく作業は、そんなに難しいことばかりではありません。私たちは日常から行っています。

「風が吹く」と「私は涼しいと感じる」を「から」でつなげると、「風が吹いた、から、私は涼しいと感じる」となります。「から」ではなく「けれども」でつなぐと、また別の因果になります。私たちは、こうして世の中に起こっている現象を因果関係でつなげています。

世界を分節した言葉や名前を知った上で、その属性を知り、さらに、世界を切り分けたその言葉、その名前どうしをつなぎ直して法則を見つけ出す。もしくは、そのものと私の関わり方を決める。そのものの価値判断をするために言葉をつなげて命題をつくっていく。

こうしたことを繰り返しながら、「脳の中に情報処理の回路が新しくできる」。これが「学び」だと私は考えています。

言葉による関わりと知能の発達

これまでの話からもわかるように、「学び」の入り口、手がかりとして、言葉はとても大事なものです。

アメリカに、ダナ・サスキンド（1968－）という、小児人工内耳に詳しい小児科医がいます。彼女は人工内耳を脳神経と直接つなげることによって、先天的に耳が聞こえない子どもたちの神経機能を覚醒させる研究をしています。日本では、『３０００万語の格差』

（明石書店）という本が翻訳されましたが、その中に次のような話があります。

人工内耳装着の手術後、言葉が話せるようになり知能もしっかり伸びていく子どもと、必ずしもそうではない子どもが出てくることに疑問を持ち、彼女は研究を始めました。調査をしていく中で、一九六〇年代のある研究結果を見つけます。

それは、児童心理学者ベティ・ハートとトッド・リズリーの研究で、耳が聞こえる子どもたちの調査でした。子どもたちの能力は、社会経済的な環境ではなく、初期の言語環境に大きな影響を受けるというのです。能力とは、ＩＱ、語彙、言語処理速度、学ぶ能力、成し遂げ成功する能力、可能性を最大に発揮する能力のことです。

研究では、〇歳から三歳の終わりまでの三年間で親が子どもにかけた言葉の数には、一番多い人と少ない人では平均で三〇〇〇万語の差があり、発達の初期に子どもにかける言葉の数がその後の子どもの能力に比例するという結果でした。また、言葉の数だけでなく、どんな言葉がどのように発せられたかという言葉の質にも影響を受けることがわかりました。

ダナ・サスキンドは、同書の中で、「思考の学びの基礎となる脳の神経細胞のつながりは大部分、生後三年間に起こります。科学的な研究の結果、脳の最適な発達は言葉に依っていることもわかっています」といったことを述べています。

また、人工内耳を移植した子どもたちも同様で、手術後、豊かな言語環境で育つ子どもたちは能力が伸びますが、そうでない環境では、人工内耳をつけただけでは伸びないと言います。

豊かな言語環境とは、どんな環境でしょうか。

豊富な語彙ももちろんですが、それだけではありません。家庭で子どもが何かを言ったとき、何かをしたとき、ていねいに言葉で応答しているかどうか、子どもの反応を引き出すていねいなコミュニケーションをしているかどうかです。保護者の言葉の力や、相互のコミュニケーションが大きな影響を及ぼしているということです。

たとえば、子どもが悔しがっているとき、「○○できなくて悔しいね」と子どもの気持ちを言葉で代弁する、「せっかく○○したのにもったいなかったね、悔しいね」と解説すると、子どもは、「こういう気持ちは悔しいと言うんだな」「だからこんな気持ちになるんだな」と、自分の感情を分節し、因果関係がわかるようになります。

一方で、そのようなていねいな言葉のコミュニケーションを取らず、「やめなさい」「早くしなさい」など命令や禁止の言葉を多用し、複雑な構文の言葉を全く使わない家庭では、前者との間で大きな知能の差が見られたと言います。

また、イギリスの言語治療士の第一人者であるサリー・ウォードは、「語りかけ育児」

を推奨しました。彼女は、言葉や聴覚の障害、学習障害を持つ言語障害児を担当する言語治療士でした。

言葉の遅れや障害を持つ子どものために開発した「語りかけ育児」では、子どもに何かを一方的に教え込んだり、ただ話し続けたりすることはしません。その子の生活パターンに沿って、静かな場所で一対一の時間をとり、親が子どもの様子をよく見ながら三〇分語りかけることで、語彙力、認知能力、感情面や行動面の発達、社会性や集中力において多くの子どもたちに差が見られたという結果が出ています。

月齢によって語りかけ方はさまざまですが、大事なのは、子どもの理解レベルに合わせて話をすること、子どもの行動を注意深く観察し、その興味や関心に沿って語りかけることだと言います。

実際に三〇分語りかけるというのはなかなか大変ですから、おむつ替えや授乳のとき、遊んでいるときなどを利用して心がけるだけでもずいぶん違うのではないかと思います。

ダナ・サスキンドとサリー・ウォード、どちらのケースも、言葉を一方的にシャワーのように与えればいいというものではありません。それなら音声を流しておけばよいだけですが、そうではなく、その子どもの興味や関心、いまの気持ちを汲み取って、応答的にていねいに言葉をかけることが大事だと述べています。

人間が編み出した認識のツールであり伝達のツールである言葉を、子どもが上手に使いこなし、思考できるようになるために必要なことを、二人の研究者は明らかにしました。発達の初期、自分との関係性の中で、言葉によって世界を分節して認識していくことが重要であり、そのことが子どもの能力や学びに大きな影響を与えるのです。

教養とは何か

「わかる」の三つのレベルを循環させることが「学び」につながるとしたら、「教養」についてもここで触れておかなければなりません。「教養とは何か」という問いに対しては、先ほどお伝えした「わかる」の第三のレベルが深く関連しています。

日本人の多くは、「知識がたくさんあること」を教養と思いがちです。しかし、どんなクイズにも答えられる、ワインのうんちくを語ることができる、それだけでは教養があるとは言えません。博識であったとしても、それが実際に生きていくための知恵にならない知識だとしたら、教養だとは言えないのです。

博識であることに価値があるという考え方は、朱熹（1130-1200）による朱子学の影響もあるかもしれません。朱熹は儒教の中でも仁義や忠義に重きを置いて、主君に絶対服従がよいことであることを説いた人物です。

江戸時代、徳川幕府公認の学校で何を教えるかと検討した際、新井白石（1657-1725）がいくつかの学問を吟味したと記録に残っています。そのなかで、徳川体制、幕藩体制にとって最も都合がよかったのが朱子学でした。「君臣の別」、つまり、身分の上下関係を重んじていたからです。江戸時代、武士のための藩校の多くでは朱子学を学んでいました。

他の候補としてキリスト教の教義もあったようですが、武士と町民に差がないという考え方は馴染まないため、採用しなかったのです。

朱子学は、中国では元の終わり頃から官僚登用試験の科挙に導入され、広く学ばれたもので、下の者が上の者を敬う構造を重層的につくることをよしとしていました。

また、朱子学のなかには「格物致知」という考え方があります。物を主観的に理解するのではなく、物は物として客観的に認識するというものです。これは近代の物理学に近い考え方で、日本が近代化するときに西洋の物理学を比較的容易に取り入れたのは、朱子学的素養があったからだとも言われています。

しかし、そのような考え方に反発し、日本に陽明学を取り入れた人たちもいます。

陽明学は、朱子学を批判した思想家の王陽明（1472-1529）が、「知行合一」を唱えた学派です。知識より人間の心情や実践を重んじます。

朱子学はわかったことと実践とを切り分けているのですが、陽明学では、それではわかったことにならない、知識と行動を切り離してはいけないと考えていました。日本では明治維新やその後の明治時代にも影響を与えています。大塩平八郎の乱を起こした大塩平八郎もその一人です。吉田松陰や高杉晋作、西郷隆盛も陽明学を学び、近江商人にも好まれていました。

ただ、朱子学的な考え方は日本に深く浸透していましたから、博識であることが「教養がある」とされることが多くなったのでしょう。このような「教養」の使い方は、実は日本独自の使われ方なのです。

三つの教養論――①分化した知識をつなぎ直す

「教養とは何か」については、さまざまな論が展開されていますが、その中で私が注目している三つの論を紹介しましょう。

一つ目、「教養とは、分化した知識をつなげてつながりのある知識にすること」です。

第1章の「分化した知識をつなぎ直す」でも少し触れた、一八世紀のフランスで広がったエンサイクロペディアの考え方です。

理科系、文科系、○○学、△△学などと、学問はどんどん分化し専門化していくものですが、自分が学んでいる学問や専門のことしか知らないままでは、世界を知ったことにはなりません。世界を知るためには分化した知識、分かれていた学問をサイクロ状、つまり円環状につなぎ直す必要があり、これこそが教養であるという論があります。また、教養があるとは、そのような態度があり、別の分野に対しても関心があるということです。

たとえば、自然科学を専門的に学びながら社会科学にも関心があるような人たちが、いい仕事をするという考え方です。先にも挙げたＭＩＴではこの考え方を大学のカリキュラムに生かし、世界ランクトップとなっています。

日本では残念ながら、政治家が「人文系なんていらない」ということを平気で口にしたことがありますが、まさしく、教養というものがないと言うしかありません。

三つの教養論――②関心の発展的システム

二つ目、「教養とは、関心の発展的システムを持っていること」です。

このように論じたのは、西田幾多郎の門下生として学んだ哲学者の戸坂潤（1900-1945）でした。

関心の発展的システムとはどんなものでしょうか。いろんなものに関心を持ち、アンテナを立てることです。

「へえ、そんなことがあるの。面白いね。ちょっと調べてみたい」「もっと話を聞かせて」という関心がどんどん発展して、一つのことにとどまらないということ、そしてそれらが頭の中でシステムとしてつながっていく、そのような学び方をすることが教養なのだと戸坂は言いました。

もともと理科系的なものについて関心があっても、「社会によって違うよね」「歴史の中ではどうだったんだろう」などと関心が広がっていく。文科系的なものにも関心があり、人文系でも社会学系でも、それぞれがつながってシステムをなしていく――。

前出のエンサイクロペディアは知識をつなげようとしましたが、知識があまりにも分化しすぎると、その知識全てを知ることは難しい。自分が関心を持ったことから、その関心が発展していくことによって一つのシステムができていく、それが教養なのだと。

私はこれを、エンサイクロペディアの発展形態と捉えています。

三つの教養論——③全体との関係で自分を位置づける

そして三つ目は、「教養とは、全体との関係で自分や自分の知識を位置づけること」です。

私が学生の頃、東京大学の教養学部に、学部が発行している「教養学部報」というニュースレターがありました。誰が書いていたかは忘れてしまいましたが、そこにはこのように書かれていました。

「私たちはいろいろな学問を研究している。教養とは、自分が取り組んでいる学問が、学問全体のコンステレーションの中でどこを占めているのかをわかっていることだ」

要するに、学問全体の動きや流れ、その時代の傾向、いまどのように研究されているか、あるいはその学問の特徴などに常に目を向け、全体の知の構造の中で、「私はここをやっている」ということがわかる人だというのです。

全体の中で位置づけることができると、「ここがわかったら、こっちもわかってくるのかな」と関連したことに対して予測をすることもでき、「分野が違うけど、あの人の研究は私の研究と似ている。同じようなことをやっているのかもしれない」と気づくことができます。そういう姿勢を教養があるというのです。これを読んだとき、なるほどと思いました。

分化した知識をつなぎ直す、関心の発展的システム、全体との関係で自分を位置づける、この三つのことは、表現のしかたが異なりますがどれも共通しています。

世界を知りたい。世界の中で生きている人間と人間の関係を知りたい。そして、自分を知りたい。これらが、知というものの根本的な動機です。

それが本当の知になるためには、それらがどのようにつながっているか、自分がいま関心を持っていることは全ての知のなかでどの位置を占めているのかを考えることが必要で、実はそれこそが教養だということなのでしょう。

ＡＩ社会になり、人工知能が、人間の思考をいわば代理してくれるようになると、人間が自分で知った、「このことについて自分はよくわかっている」という知識がどんどん断片化されていく可能性があります。頭の中で深くつながっていかないのです。「必要なときに検索したら出てくるし、覚える必要はないよ」

それはそれでもよいのですが、つなげることを本意としている教養という考え方からすると、つなげる動機が弱くなっていく可能性があります。つなげるというのは蓄えた知識を何度も反芻(はんすう)し、消化し直して「あっ！　だからこうなのか」と他の知識と合体していくことです。自分は何もまだ知らない、知らないけれど知りたいという願いをもって、たえず知の世界を整理し直していく姿勢がないと、つながらないのです。ＡＩ社会で受身でいると、人間が、自分のつくり出したものによってスポイルされる可能性が出てきます。実際、そのような可能性はなきにしもあらず。人間はどちらにしても、最終的には世界のすべてを知ることはできないと思いますが、それでも知ろうとすることが大事なのです。

そのためには、分けて成果を出してきた学問を、世界を知るためにもう一度つなげていく。そういう努力をしていくことがとても大事だと思っています。

三つの教養論を踏まえた「教養」

これら三つの教養論を踏まえ、私なりの教養論を述べておきましょう。

「教養とは、いろいろな知識をより上位の知識とつなげていこうとする姿勢」だと言っておきましょう。

ここでは、「より上位」ということが大事です。よりレベルの高い、より本質的な知識とつなげていくことです。より一般的な、より普遍的な論理とつなげていく。横につなげていくだけではなく、上に、縦にも、つなげていく。

これは、「風が吹けば桶屋が儲かる」というような、原因があって結果があって、これがまた新しい結果をもたらすというつながりではありません。それは単に偶然をつなげているだけで、それで何かがわかったことになるとはとても思えません。個別のことを個別のことにつなげても、何かが見えるわけではなく、個別のことはより一般的な問題の一つの例として表出しているととらえてこそ、見えてくるのです。

社会で起こったことが個人の原因に起因するという考え方に対して私はかなり警戒的です。たとえ罪をおかした人間に関しても同じです。もし全く違う社会で暮らしていたら、全く違う家庭に育っていたら、手を差し伸べる教師がいたら、あの人はそんなことにならなかったのではないか、と私は考えています。

個別の事象が、より一般的な現象の一つであり、より一般的なことの一つの現れであると捉えることができると、世界というものが少しずつ見えてきます。

つなげていくと、それは「やっぱり宇宙の問題じゃない？」というところまでいくかもしれませんし、「命の問題としては、全部つながっているよね」となるかもしれません。

教養とは、知をより大きな世界へとつなげていく、そういう態度や姿勢のことを言います。

社会が変われば人間はもっとよくなる。そのような考え方は、現代にも少しずつ蘇りつつあります。

先にもご紹介しました、東京大学先端科学技術研究センターの医師である熊谷晋一郎さんが、障害の医学モデルと社会モデルということについて述べています。

彼は脳性麻痺で、車椅子を使って生活をしていますが、医学モデルとして彼を見ると、彼の中に障害があることになります。社会モデルとして見ると、彼が車椅子で自由に動けないのは社会のほうに障害があると考えられるわけです。たとえ脳性麻痺であったとしても、社会が合理的に配慮し、上手に生きていける環境を整えれば、障害はなくなります。

障害を持った人が、なんでも自分でできるように、自立できるようにと訓練された時代も長かったのですが（いまでもあるでしょう）、「全部自分でやれ」と言われたら「死ね」と言われているのと同じだと彼は言います。

人間はそもそも、誰もがたくさんの人に依存して生きています。たまたま障害がないとしても、自分が着ている服も食べ物も、自分でつくっているわけではありません。日常的に必要なものを全て自分で揃えようとしたら、何もできなくなります。人に上手に依存することで私たちは生きているのです。

そう考えれば「健常者」とは多数に依存している人、「障害者」とは依存先が限定されている人と定義できるようになります。これは障害あるいは自立ということを、より大きな人と人とのつながり、そのつながり方の一つとしての依存ということとつなげてみて初めて見えてくることです。

「教養とは、いろいろな知識をより上位の知識とつなげていこうとする姿勢」

そのような考え方が少しずつ根付いていきているのはとても大事なことで、そのように物事を考えられることが教養なのです。

建前は国家のため、本音は立身出世のため

第1章で、学びや教育の目的は、自分が生きている世界や社会の課題を知り、その先に夢や希望を見出すことでもあると述べました。

子どもにかける言葉、語りかけについての研究からもわかるように、最も大事な子どもの「学び」は、自分が生きている世界や社会、つまり日常の中にあることがわかります。その子どもが体験する日常生活のありとあらゆることが学びの対象です。

しかし、日本の近代の学校教育では、あまりこのことを重視してきませんでした。

その一番の原因は、近代化する世界から日本が大きく遅れていることに気づき、慌てて近代化を目指したことにあるでしょう。

「何のために学ぶのか」「学びとは何か」を問う余裕もなく、「学ぶ」目的は、建前は「国家のため」、本音は「立身出世のため」になってしまったのです。その経緯について少し押さえておきましょう。

江戸時代の終わり、渋沢栄一（1840-1931）が一八六七年のパリ万国博覧会に幕府使節団として派遣されました。彼は、まだ工事中だったスエズ運河を見て、その壮大な事業が国

によるものではなく、民間の資金を募って行われていたことにとても驚きます。それを成り立たせていたのが銀行のシステムでした。銀行がお金を集めて会社の資金としてそれを貸し出し、さらにその利益を銀行が集め、大きな事業が可能になることを渋沢は知りました。そして、それを「合本主義」と名付けて日本に導入しました。その結果、八幡製鉄所や富岡製糸場などの国営だけでなく、渋沢栄一や福沢諭吉（1835-1901）らが、民間の会社をつくるなど、産業を起こすことが促進しました。

日本は後発国でしたから、鹿鳴館に代表されるような「欧化政策」を必死に進めました。明治政府による神仏分離令が廃仏毀釈へと発展してしまったのもこの頃です。江戸時代の日本を否定し、日本の文化を価値のないものとして壊し、西欧のものを取り入れることが当時の日本が目指す近代化でした。

ヨーロッパに視点を移し、少し時代を戻しましょう。一九世紀前半のヨーロッパでは、貴族制度がまだ残っていました。古い貴族が全ての土地を所有し、労働者階級に労働を課していました。人権意識がない時代です。労働者階級は選挙権も与えられず、多くは読み書きもできませんでした。

一八三八年頃から、イギリスでは普通選挙権を求めてチャーティスト運動が起こります。この運動の中で、労働者たちは、彼らの子どもに学校教育を受けさせよという要求をつきつけます。その運動は大きなうねりとなるのですが、当時の資本家たちは、労働者に教育を与えると、自分たちが厳しく搾取されていることに気づいてしまうという理由で拒否していました。しかし、やがて産業革命が進むうちに労働の形態が変化し、労働者たちも読み書きができないと仕事に支障が出るようになっていきました。

労働者にも読み書き能力が必要であるという認識が広まり、「イングランド一八七〇年小学校教育法」が導入され、五歳から一一歳までの六年間の義務教育が始まります。読み書きを教えるかわりに、「イギリスの社会では工場で働くのは尊いことだ」という道徳を教育しました。

それ以前からイギリスの貴族の子どもたちは、「パブリックスクール」に通い、オクスフォードやケンブリッジ大学に進学できたのですが、労働者階級の子どもたちが中学校に通えるようになったのは、一九四四年のバトラー法以降です。

日本の教育はどこで失敗したのか

日本が義務教育制度をつくったのは意外と早く、イギリスに続いてわずか二年後の一八七二年のことです。日本もイギリスに似たようなもので、読み書きとともに、明治憲法ができてからは「国民は命をかけて天皇を助けることが人間としての誇りである」と子どもたちに説きました。

一方で、日本はヨーロッパの多くの国と異なり、庶民にも優れた人材はいるはずだと、成績さえよければ中学校・高等学校に行ける制度を整えました。

「勉強を頑張れば身分をこえて好きな職業につけるかもしれない」

そこに希望を見出した庶民は多かったかもしれません。日本の教育は早くから「競争」を一つの原理にしながら、国家に有為な人材を育てることに特化していきました。そういう意味では競争システムとしてうまく成り立たせたのが日本の特徴です。「末は博士か大臣か」ということは世界では珍しかったのです。

「何のために学ぶのか」が見えないまま、立身出世するために受験をする構造は、このように明治のはじめからできあがりました。江戸時代から続く朱子学の考え方を武士だけでなく庶民にまで広げたのが明治政府でした。

しかし、戦後しばらくは、職人文化も豊かにありました。たとえば、本田技研工業（ホンダ）の創業者、本田宗一郎（1906-1991）は学校教育に依存していません。高等小学校を卒業後、自動車修理工場で働き始め、職人として腕を磨きながら会社を立ち上げて大きくしていきました。パナソニックの創業者、松下幸之助（1894-1989）も学歴は小学校中退です。このような叩き上げの人たちも、戦後の日本の産業をつくり上げてきたのです。

日本では、この時代にできた企業がその後もずっと最先端を走り続けてきました。そしていま、日本はどうなったでしょうか。アメリカのようにＧＡＦＡを生み出すことも、韓国のサムスンや中国のファーウェイ、アリババなどのような企業をつくることもできませんでした。それはなぜか、私たちは考えなくてはなりません。

教育は、大きな産業をつくるためだけのものではありませんが、若者が時代の流れを読み、夢を見つけ、そして実際に新しい仕事、新たな産業をつくり出す能力をもった人を育てられているかもその成否をはかる一つのバロメーターになるでしょう。その点では現在の教育は失敗していると言えそうです。

人はなぜ学ぶのか

学び論が深まらず、教育は受験という決まったゴールを目的としてきた結果、日本では、上手に点をとる手段を細分化することはずいぶんと進みました。そのような状況の中では、効率よく上手に点をとるためのスキルを教える「教え方」が大事になります。そしてそれは、いまや学校よりも予備校のほうが長けていると言えますが、考えてみればおかしな話です。

「人はなぜ学ぶのか」

この本の冒頭でも述べましたが、そもそも人は、自分の意思で生まれてきたわけではありません。私たちの命は、冷静に客観的に見れば途方もなく長い時間の流れの中でほんのいっとき、前の世代から受け継いだ命を次の世代へとつないでいるだけです。動物も植物も、命あるものは全て同じです。

人間は、世界に追いつくためでも、工場で効率よく働くためでも、国家のためでも、立身出世するために生まれてきたわけでも、ありません。与えられた条件のなかで必死になって生き、死ぬときに生きていてよかったと思えるように生きる、それだけです。

それを前提に、自分にとって本当に大事なことは何か。どの時代の人間も、このこと、いわばもっとも人間学的＝哲学的な問いを追いかけることが生きる目標でした。人はだから、学ぶのです。

しかし、近代の日本では、そのようなことを考える必要はありませんでした。学ぶ目的ははっきりしていました。先に答えが定められていたために、学び論は十分に深まらなかったのです。

深いところで「よく生きるとは何か」「本当の意味の幸せは何か」について考えようということもなく、ただ点数を追いかけました。原点に戻って「何のために学ぶのか」を考えようと呼びかけてくれる先生もほとんどいませんでした。

この大きな流れは、最近まで基本的に変わらなかったのです。

分節した世界を再びつなぐ

では、江戸時代以前はどうだったのでしょうか。私は、むしろその頃にこそ本当の学びがあったと考えています。

たとえば、曹洞宗の開祖である道元（1200-1253）は、中国で学び、日本に戻ってきて永平寺で組織的な教育を始めました。文字を使わず（不立文字）、只管打坐。ただひたすら、座禅を組みました。悟りを開くためでもなく、何かを達成するためでもなく、ただ座って、自然と深いところで交流しなさい、言葉の世界を超えなさいと教えました。

人類は言葉によって世の中にあるものを線引きして分節し、カテゴライズしてきました。ある意味では、正確に言葉を理解することが、世界を分節的に把握し、思考するためには必要な大切な手段になります。しかし、忘れてはならないことは、それは人間が意識的に、いわば勝手に区切っているだけだということです。分節し、名前をつけて抽象化していけばいくほど、個別のものは捨ててしまうことになります。

座禅では、言葉によって分節化された世界を超えて、改めて、あらゆる物象がどのように在るのかを分けることなくそのままに感じることが求められます。これもまた、ある種のホーリズムです。そうすると、人間がある枠づけされた世界で生きていること、ときにそれが人間の傲慢さにつながることを感じられるのでしょう。

近代以降、人間が世界を全て把握できるかのような錯覚に陥ってしまったのですが、近代以前の学びのなかには、人間の傲慢さを客観的に見ることができるような学びが存在していました。

師弟モデルでの学び

「教える」ということは本当に難しいことです。何より本人に学びたいという意志がなければ教えることはできません。義務教育が始まる以前にも、人類は学びたいという意志を持ち、自ら師を見つけ、弟子になることで学び続けてきました。そこには立身出世などのわかりやすい目的はなく、答えの簡単に見つからない問いがありました。

中国、魯の国の思想家であり、儒家の始祖である孔子が話したことを、弟子たちがまとめたものが言行録『論語』です。孔子には三〇〇〇人の弟子がいたと言われています。

キリスト教のイエス（紀元前４頃 - 30頃）も、仏教の開祖である釈迦も、古代ギリシアの哲学者ソクラテス（紀元前469頃 - 紀元前399）も、自身では書物を残していません。

彼らは、答えのない問いについて考え、聞いている人たちに話しました。話を聞くうちに、「すごい人がいるらしい」「あの人について学ぼう」という人たちがいつの間にか集まり弟子となり、弟子たちが師の語ったことを書物にまとめてきたのです（ただし釈迦は教えを文字化することや偶像をつくることを否定したので、その死後に修行僧たちが教えを文字化したものが大部分になっています）。

教育というのは、学ぶ意志のある人が師と仰ぐ人を見つけ、「どうぞ教えてください」とお願いするところから始まります。師になってほしいと頼んだわけでもないのに、気づけば学校に通わされ、クラス分けをされ、「あなたの先生は私です。私の話をちゃんと聞きなさい」と言われることなど、人類の長い歴史の中ではあり得ないことでした。

大学の教育学部の研究テーマが「教え方」の工夫になってしまった理由も、そう考えると納得できます。要するに、その人を師として求めているわけではない子どもたちに教えるのですから、「教え方」に工夫がなければ聞いてくれない、ということなのです。

私たちが「教え」ではなく本来の「学び」に再び視点を移すためのヒントが「師弟モデル」にあると私は考えています。

「学び」は本来、苦しいものではありません。

「こういうときには、こんなふうに考えればいいのか」と、新しい発見をする。そしてその学びが実際の生活の中で役に立つ。「なるほど」と思えることが増えていく。自分が抱えていた疑問や苦しんでいた原因が見えて、改善できることでもあります。

「学び」は、喜びなのです。

不登校の増加はシステムに原因がある

「学び」が苦痛なものになってしまったのは、本来の学びのあり方から逸脱した強制的なシステムができたことが原因です。

日本や中国、韓国のように、世界の近代化に遅れ追いかけた国は、その傾向が強くあります。韓国は比較的うまくやってきていたのですが、膨大な「落ちこぼれ」をつくってしまいました。このように、学校教育における「学び」が本来のあり方ではなかったことにより、日本でも大きな問題が出てきています。

その一つが、不登校の子どもたちの増加です。二〇一九年度、不登校の小中学生は全国でおよそ一八万人（文部科学省「児童生徒の問題行動・不登校等生徒指導上の諸課題に関する調査」）となり、少子化が進む中、七年連続で過去最多を更新しています。その後、コロナ禍でさらに不登校は増え続けています。

かつては、いじめなどが原因の不登校が多かったのですが、いまは、メンタル面で不安を抱えている子どもが増えています。

同調査によると、不登校の要因は、「無気力・不安」が小中学生ともに最も多く、どちらもおよそ四〇パーセントとなっています。しかし、選択肢には、「行く意味がない」というものがありません。「行く意味がない」と思っている子どもたちも、全て「無気力・不安」などに分類されてしまうのですが、実際には、「いまの学校はもういい。無理に行って苦しむことはない」と思っている子どもたちも多いようです。

不登校の子どもたちは、その子が問題なのではなく、学校に問題があることを提起していると言えます。感性が鋭く、「学ぶ」ことの本来の意味に気づいているのかもしれません。新しい可能性を探り、本当の学びを求めている子どもたちなのかもしれません。

どんな人間も、知らなかったことを知ることはうれしいはずです。本来うれしいことをうれしいと感じられないところにいまの学校の問題がある。親も、先生も、子どもに関わる全ての人が、このままの学校教育でよいのかを省みる必要があります。

特例校が教育のモデルに

一九八〇年代、学校に行けないのは病気だということで、登校拒否をしている中学生たちが千葉県市川市の国立国際医療研究センター国府台病院に入院させられていました。病院には、市川市立小中学校の院内分校がありました。いわゆる院内学級です。

そこで教えていた先生が、国立国府台病院の院内分校の子どもたちに集まってもらい、なぜ登校拒否になったのかを話してもらってそれを本にしたことがあります。私も手伝ったのですが、子どもたちはこう答えました。

「学校って何か硬いんですよね。自由がないんです」

「僕には空想癖があって、先生がちょっと面白いことを言うとそこからいろんなことを想像しちゃうんです。ふっと気がついたら、もう先生の話していることについていけなくなる。そのうちに、だんだん学校に行こうとしても身体が動かなくなってしまった」

子どもたちは、学校で感じていたことを素直に話してくれました。私は話を聞いて、この子たちはとても感性の鋭い子どもたちだと思いました。この子たちは、学校というシステムの中で潰され、学校に行けなくなってしまったのです。

将来、この子たちは、絶対面白い人間になっていくはずなのにと悔しく思ったことを覚えています。それ以来、学校に行けない子どもたちをずっと見続けてきました。いまでいう発達障害の子どもたちに対しても、多くの学校はこの子たちに合わせようとせず、排除する方向に進んできてしまった。

子どもが悪いことをしたり問題を起こしたりするのは、親や先生がその子を「悪い子」とラベルを貼るからだという理論があります。不登校の子はダメな子、頑張れない子などと見られることも多いのですが、その子たちは自分が求めているものと学校が合っていないということを、まるで、炭鉱作業員に毒ガスを知らせるカナリアのように教えてくれている存在なのです。

あれからもう四〇年が経ちました。登校拒否から不登校と呼び名は変わりましたが、その数はいまなお増えています。学校も努力をしているのでしょうが、大きくみると子どもを学校に適応させるという、古いやり方のままで長い時間が経ってしまいました。

しかしいま、不登校の子どもたちが集まる特例校（不登校児童生徒を対象とする特別の教育課程を編成して教育を実施する学校）が全国に一七校あります。

特例校のスタイルは多様で、寮暮らしで統制されているところもありますが、新しい取り組みを構想し、さまざまな挑戦をしている学校もあります。そのことを知って、時代はずいぶん変わったものだと感じています。特例校は、これからの教育のモデルになる可能性があります。

何のために学ぶかは、本物の文化、リアルな社会をていねいに見せたり示したりしながら、それに触れつつ、子ども自身が決めなくてはなりません。「学び」は、何のために生きるのかにつながっているのです。

新しいことを知る喜びを教育に取り戻したい。そのためにできることについて、次章から具体的に考えていきましょう。

第4章

「学び」は体験から始まる

本当のアクティブ・ラーニング

ここまで、なぜ学ぶのか、教えと学びの違いは何か、学びや教養とは何かを考えてきました。この章では、「どのように学ぶのか」をテーマにお話しします。

ここ数年、アクティブ・ラーニングという言葉を耳にすることが増えてきました。この言葉が文部科学省の中央教育審議会の審議や答申に使われ始めたのは二〇一四年のことです。

アクティブ・ラーニングは、「どのように学ぶか」について、とても大切なことを伝える言葉なのですが、メディアなどでは表面的に捉えられており、その本来の意味が伝わっていないのではないかと少し心配しています。

「アクティブ」は能動的、活動的という意味ですので、一般的には、能動的、活動的に、「はい、はい!」と元気に手を挙げ、自分の考えをクラスのみんなの前でハキハキと発表する。そんな様子をイメージする方も多いでしょう。

学校や教員によっては、授業中に何回手を挙げて発言をしたかを数え、発言回数が多い子どもの成績が良くなることもあるようですが、それでは、性格的に活発で能動的なタイプの子どもだけが評価される恐れがあります。表面的な行動で評価されるようになると、とにかく思いついたことを多く発言すればいいと受け取る子どももいるでしょう。それでは、本当の意味で学んでいるのかどうかは怪しい。

アクティブ・ラーニングの「アクティブ」という言葉の印象だけにとらわれていないか、もう一度考えてみる必要があります。

能動的の対義語は受動的です。では、手を挙げることなく、話を聞いて考えている子どもや、じっと教科書を見つめている子どもは学んでいないのでしょうか。

文部科学省の用語集によると、アクティブ・ラーニングは次のように解説されています。

教員による一方向的な講義形式の教育とは異なり、学修者の能動的な学修への参加を取り入れた教授・学習法の総称。学修者が能動的に学修することによって、認知的、倫理的、社会的能力、教養、知識、経験を含めた汎用的能力の育成を図る。発見学習、問題解決学習、体験学習、調査学習等が含まれるが、教室内でのグループ・ディスカッション、ディベート、グループ・ワーク等も有効なアクティブ・ラーニングの方法である。

「教員による一方向的な講義形式の教育とは異なり、学修者の能動的な学修への参加を取り入れた教授・学習法の総称」とあります。ここにも「能動的」とあり、ディスカッションやディベートなど、積極的に表現することが求められているようにも読み取れます。しかしそれは、子どものアクティブな態度を評価するためのものではなく、あくまでもアクティブな「教授・学習法」です。

京都大学高等教育研究開発推進センター教授の松下佳代氏が編著に携わった『ディープ・アクティブラーニング』（勁草書房）には、次のような記述があります。

（アクティブ・ラーニングの一般的特徴として挙げられる点）
（a）学生は、授業を聴く以上の関わりをしていること
（b）情報の伝達より学生のスキルの育成に重きが置かれていること
（c）学生は高次の思考（分析、総合、評価）に関わっていること
（d）学生は活動（例：読む、議論する、書く）に関与していること
（e）学生が自分自身の態度や価値観を探究することに重きが置かれていること
（f）認知プロセスの外化（※）を伴うこと
※問題解決のために知識を使ったり、人に話したり書いたり発表したりすること

(Active Learning: Creating Excitement in the Classroom (Bonwell & Eison, 1991) に基づき松下佳代氏が再構成)

ここには学ぶ人の能動的姿勢だけが強調されているような偏りは見られません。アクティブ・ラーニングの本来の意味は、ここまでていねいに見ていくことでようやく納得のできるものになります。大事なことはこのような条件を知った上で、先に挙げたような、手を挙げることなく話を聞いて考えている子どもや、じっと教科書を見つめている子どももその子どもなりのやり方で学んでいるかもしれないと発想できるか否かです。「ハイハイ！」と積極的に手を挙げる子は深い学びをしているのか、ということをもう一度よく考えなければなりません。

受動の中に能動を見る

一般に、「とはいえ、どちらかといえば能動的のほうが受動的よりも好ましい」と考える方は多いようです。「受動的」を、「誰かに何かをさせられる」という意味だけで受け取っているのかもしれません。しかし「受動的」をそのように理解することは、世界を感じ、受け取ることを、ないがしろにしてしまう危険性をはらんでいます。

私はあるときから、能動的と受動的について次のように考えるようになりました。

アクティブactiveは能動的、活動的と訳されますが、その対義語、受動的は英語ではパッシブpassiveです。パッションpassionという単語の意味を調べていたとき、パッシブpassiveとパッションpassionが同じ語源であることに気がつきました。どちらも、ラテン語のpati（苦しむ）やpatio（苦しんだ）から派生した英語でした。

また、パッションpassionは、英語で感情、情熱、激情などの意味に加え、イエス・キリストの受難を意味します。

私はクラシック音楽をよく楽しむのですが、イエスが磔刑になるまでのストーリーを元にした「マタイ受難曲」や「ヨハネ受難曲」などをバッハはじめ多くの作曲家が作品にしています。受難曲は、英語でパッションpassionです。

パッションは、世界からの迫害や差別に対して、逃げずに受け止める、反抗するのではなくしっかりと受け止めるのだというポジティブな態度です。

そして、イエスが背負った苦しみを、私も同じように受けること、「難を受ける」ことも指しています。そのように受け止め、苦難をくぐり抜けることにより、神に近づいていく。あるいは、苦しみを積極的に「受ける」ことをポジティブに担う「情熱」を持つことによって、神の救いに近づく。そのように私は解釈しています。

パッシブは、受動的、無抵抗、受身の、と訳されますが、実は、根底にはとても能動的な意味も含まれているのです。

「そのまま」に世界を受けとめる

パッシブについて考えるとき、私は、自らの瞑想体験を思い出します。タイの世界遺産の街、アユタヤの近くにあるウィリヤダンマ・アシュラムという修行寺に一泊したときのことです。

そのアシュラムは大きな森にあり、朝起きるとみんなで集まって、歩きながら瞑想をします。身体を少しずつ雑念から解放して、脳の一番外側の大脳新皮質を休ませ、脳の内側だけを働かせ、森の中で散歩をしている自分だけに集中します。すると、非常にたくさんの鳥の声や風の音が聞こえてくるようになりました。

私たちは普段、話しているときにはその会話に集中し、明日の仕事に追われていればその仕事について考えることに集中するようにできています。人間は、注意を一度に一つにしか向けられません。周りで何か音がしてもあまり聞き取れないようになっています。

しかし、そうして一点に集中している意識を、森を歩きながら少しずつ解放していくことで、いま起こっていることを受容する感覚が開かれ、活性化していきます。すると、私たちを取り巻く自然や生き物の情報が、そのまま自分の中に入ってくるのです。

鳥の声を聞くとき、その声を聞こうと思ってじっと耳を澄まして注意を向けるのではなく、雑念から解放されたときに自然に鳥の声が入ってくるという感覚です。

そこでは、そのような世界をゆったりと感じることが瞑想だと教わりました。それはまさに、マインドフルネスな体験でした。瞑想とは、何かを考え続けている状態から解放され、あふれる情報、喫緊の課題などにとらわれている自分を解放し、自分の中にある命の営みの世界で生きていく部分を活性化させることなのだろう、そう理解することができました。

私たちは、言葉によって世界を認識していますが、瞑想は、言葉や概念から解放されて、そのままに世界を感じることです。認識の世界から離れて物自体を感じる。ドイツの哲学者イマニエル・カント（1724-1804）の言うところの物自体 Ding an sich という世界に定位していく。その練習のようでもあり、なるほどと思ったものです。

それはまさに、世界に対してパッシブに身を委ねていく感覚でした。頭の中に自分がつくった世界で意図的に何かをしようとするのではなく、感覚からあれこれと思考を巡らせるでもない。さりげない雲の動きをぼんやりと眺めて、言語化できないままにその世界に自分が同化していく。森の中を歩いていて、木漏れ日が見えたときに思わず立ち止まる。世界から与えられる情報に私が身を寄せていくような感覚です。命をつかさどるところが世界を感じるままに、自分がいる。

そのような体験から、アクティブとパッシブというのは、アクティブが能動的でパッシブが受動的という単純なことではないのではないか、それぞれ脳の違うところが活性化しているということではないかと思うようになりました。つまり、アクティブは大脳新皮質、パッシブはより深いところにある、感情や本能をつかさどる大脳辺縁系や生命の維持に関わる脳幹などが活性化している状態だと私は考えています。

本来、「学び」の場面では、どちらの脳も働かせなければなりません。能動、受動という形では分けられない。それが、人間の本当の望ましい学びのあり方、情報処理のしかただと思います。

子どもが感じる世界を豊かに

いま、パッシブに世界とつながることのできる瞑想やマインドフルネスなどは、さまざまな国で見直されています。

ブータンの小学校を視察したとき、瞑想をするとより幸福度が上がるということで、小学校の授業の前にみんなで瞑想するようになったと教えてくれました。

アメリカでは二〇一六年頃から小学校でマインドフルネスを取り入れたことで、いじめが減少し集中力が向上したという報告もありますし、イギリスでもマインドフルネスを授業の一環として取り入れている学校が増えています。

日本ではまだそのような動きは見られませんが、子どもたちが自分のパッシブな世界と向き合うことで、自分自身の捉え方、そして世界の捉え方が変わるのは確かだと思います。

それには、瞑想やマインドフルネスを授業に取り込まなくてはいけないというのではなく、子どもたちが感情を大切にして、見る、聞く、触るという体験を通して世界を感じ取り、そこからようやく子どもたちの中に生まれてくる言葉や表現を大事にする環境を整えることです。

私の友人の一人、仙台で造形教室をしている新田新一郎さんのエピソードをご紹介しましょう。彼の絵画教室、アトリエ自遊楽校では、絵を描きたいという気持ちが湧いてくるまでは子どもたちに絵を描かせません。

たとえば、夕日を描くとき、まず、車で子どもたちを海に連れて行き、水平線の向こうに太陽が沈んでいくのをただみんなで何時間も見るところから始めます。

実際に夕日が沈むと、雲が美しく色づく様子や、見事な夕焼け、燃えるような残照など、目の前で移り変わる景色や風の変化、気温の変化を感じながら、星が輝き出すまで何時間もそこにいるのです。子どもたちは二歳から小学校六年生まで。街で暮らしていると、太陽が沈んで夜になる様子をゆっくりと見たことがある子どもはほどんどいません。子どもたちは心から感動し、「もう暗いから帰るよ」と声をかけても、「もうちょっと見たい！」と言ってなかなか帰らないそうです。

しばらくすると、「また見に行きたい」と子どもたちが言うので、また別の日に同じ場所に向かいます。すると、今度は天候が違うので見え方も感じ方も全く異なります。空はどんよりと重く、風が強く、波がうねるように打ち寄せる。「怖いね」と言いながら、またその様子をみんなで見つめます。

そのようにして何度も夕日を見に行ってから、「そろそろ描ける？」とたずねて、「うーん、なんか描けそう」と子どもたちが答えたとき、はじめて夕日の絵を描かせるそうです。子どもたちの命の世界が夕日を感じ、描きたいという衝動が起きるまでは描かせないのです。

私はそのようなプロセスを経て描いた夕日の絵を見せてもらいました。ある小学二年生の子どもの作品は、紫色をベースにした、まるで抽象画でした。「こんなふうに感じたよ」と、その子の心が本当に見た夕日が描かれていました。その絵には、見る人の心を動かす力がありました。

その絵画教室では、絵を描くときには全てにおいて絵を描く前に必ず何らかの体験をします。豚を描くときには、一か月ほど子豚を二頭借りてきて世話をしました。子豚が餌を食べたり、糞をしたり、子どもたちがそれを掃除したりする。イカを描くときには、実際にイカを触ってみる。ぬめりとした感触を確かめ、イカの吸盤を数える。イカの足の長さに驚いた子どもはその足を長く描き、吸盤に感動した子どもは吸盤をアップにして詳しく描く。

このように、物事を認識してそこから何かを学ぶとき、子どもたちが「感じる世界」を豊かにしていくことが非常に大切になるわけです。

絵を描くときだけではなく、知識を得るときも同じです。対象となるものをさまざまに観察したり、育ててみたり、匂いをかいでみたりすることで、たくさんのことを感じ、そこからようやく、「なぜだろう」「知りたい」という世界に入れるのです。

本来、学びは、このようなパッシブな体験から始まります。

本人が本当に「すごい」「不思議だ」「美しい」などと感動したときには、一気に思考が進むのですが、それがないまま、ただ一方的に詰め込まれるばかりの教育では、その効果も期待できません。

学校でも家庭でも、いまどのぐらい深く感じているか、感動しているか、どのぐらい深い疑問を持っているかを大事にすることが、子どもたちが学びに向かうためのはじめの一歩となります。実際の知識を身につける前に、その対象となるものに対して子ども自身がどれほど思いを致すのか。そこを大事にしなければ、本当の学びは始まらないのです。

ちなみに、能動・受動というのは文法の用語ですが、スピノザという哲学者は、能動形・受動形以外にそのどちらでもない中動態という形があると指摘しています。意識的にしているわけではない、何かを誰かにされているわけでもない、でも何かと向き合い、行動していることが多いというのです。哲学者の國分功一郎氏はこの中動態を一般化したとても重要な議論を展開しています。私は中動態とは脳（心）の深い部分が活性化している状態で、ここでいう受動に近いと思っています。

「主体的・対話的で深い学び」とは

少し話を戻しましょう。文部科学省も、形式的なアクティブ・ラーニングや、ただ能動的で活発なことを評価するような授業を求めているわけではありません。そのような誤解を招かないように、二〇一七年に改訂された新しい学習指導要領ではアクティブ・ラーニングという言葉だけでなく、「主体的・対話的で深い学び」とより具体的に表現しました。

この言葉には三つの要素が含まれています。「主体的な学び」「対話的な学び」「深い学び」とは、それぞれどのようなことを指しているのでしょうか。

「主体的な学び」は、子どもが自分で「やりたい！」「知りたい！」と思えるような学びです。ただ自分で調べるとか、ただ答えがないことを自分たちで考えるとか、そのような表面的なことではなく、前出の造形教室の子どもたちのように、体験を通して自分が感じ、何かを表現したい、これは何だろうと動き出すこと、自分が学びの主人公になることです。

「対話的な学び」、これもとても大事で、ただワイワイと話をすればいいということでも、ディベートで相手を打ち負かすということでもありません。

古代ギリシアの哲学者ソクラテスは、対話により哲学を突き詰め、その対話を弟子のプラトンが対話篇として記録し、残しています。対話は英語でダイアローグ dialogue ですが、これはギリシア語のディアロゴス dialogos に由来しています。言葉を共有する、あるいは真理を分有することを意味します。対話というより、真理を共有する、共理、などと訳したほうが実際の意味に近いでしょう。

対話とは、自分の考えを言葉にし、相手の考えを言葉で聞くことで、お互いの違いや共通するもの、どこまで一致しているのかを共に探すやり取りです。冷静な意見表明、論点整理など高度な知性が必要です。そしてそこから、一人では踏み出せなかった次への一歩が生まれるのです。

小学校などの現場では、自分一人で考え解決するのではなく、いろいろな人と対話をしながら、相手との信頼関係を保ちながら刺激し合い、新しいアイデアを出し合うこと、と言ってもいいでしょう。

では、「深い学び」とは何でしょうか。「深い学び」は一言でお話しするのはなかなか難しい。自分のそれまで持っていた知識と新しい情報がしっかりと結びつき、自分の中に深く定着する状態だと言えます。そしてそれを必要な場面で応用できる力にすること。第3章でお話ししたような、「学び」から「教養」に至ることも含まれます。

私たちは、この本一冊を通して、まさにこの「深い学び」とは何かを考えているのです。

「信じて疑う」態度があるか

学校での学習、あるいは受験勉強こそ「学び」だと思っている方も多いかもしれませんし、何から学ぶか、どう学ぶかという問題もありますが、日常の生活経験のなかに学びの種がごろごろと落ちていることも事実です。

しかし、ここで一つ押さえておきたいのが読書についてです。読書によって学ぶことは、オンライン授業やＩＣＴ化がどんなに進んでも、しばらく消えることはないでしょう。「主体的・対話的で深い学び」を通して学んだことを、第3章でお話ししたような本当の意味での教養へと高めていくためにも、読書をするときに、必要なことがあります。

それは、「信じて疑う」という態度を身につけることです。

「信じて疑う」ことが大事だと私に教えてくれたのは、専修大学教授だった経済学者の内田義彦さん（1913-1989）です。内田義彦さんの著書に『読書と社会科学』（岩波書店）という本があり、社会科学の文献の読み方について書かれています。本や文献を読むときの態度として、はじめから「何だ、この人は。わからないことを言ってるな」などと反発して読んでも、逆に「すばらしい。なるほど」と全てを鵜呑みにして読んでも、それは読書にならないと言います。内田さんは、著者が書いたことを一度信じてみる。そして、信じた上で「では、これは説明できているだろうか」と、もう一回疑ってみる。そのような態度を持つことこそが社会科学的な文献の読み方だと述べています。

私は、これは全ての読書論にも広げられるのではないかと考えてきました。

私たちのように戦後の何もない時代に生まれてきた人間は、小学生の頃に古本屋ができ、そこでようやく『怪人二十面相』などを読めるようになったのですが、私の子どもや孫の世代は、小さい頃から本に触れ、親しみ、読書をして育ちました。いまは本を読む機会は豊富にあり、本を読むこと自体は、昔よりはるかに容易になったと思います。

しかし、本を読んだからといって、そこに書かれていることを過不足なく理解できるわけではありません。自分が知らないことばかりがたくさん書いてあると、途端に億劫な気持ちになり、読み進められなくなるという体験は誰にもあるでしょう。

学校によっては、一年に一〇〇冊以上読みましょうとノルマにしたり、読んだらシールを貼って競わせたりすることもあるようですが、それでは読みたくなくなる子どもが出てくるのも当然です。

読書は、とにかくたくさん読めばいいというものでも、知識や情報を抜き取るためにするものでもありません。キーワードを抜き取って、自分で使いこなす力がその人にあればそうした読み方もないわけではありませんが、とりわけ子どもの頃には難しいでしょう。読書によって鍛えられるのは、さまざまな思考の力です。その本を読みながら、内田さんが述べたように、「著者が書いたことを一度信じた上で疑ってみる」態度を持つか持たないかで、読書の意味が変わってきます。

その本の知識を全て取り込もうとしなくても良いのです。一度読んだだけでもいい。じっくり少しずつ読んでもいい。何度も繰り返し読んでもいい。「信じて疑う」読み方をして、その本の数か所について自分なりに考えることで思考のしかたが鍛えられるのです。

読書をすると考えなくなる？

ドイツの哲学者、ショーペンハウアー（1788-1860）も、『読書について』という面白い文章を書いています。読書はすればするほどよい、たくさん読めば賢くなるという認識は大きな間違いだと言います。その鋭い指摘は読書の本質を突いています。

「悪書は知性を毒し、精神をそこなう。良書を読むための条件は、悪書を読まないことだ」

たとえばこのように書いているのですが、この一文についても、私たちが「信じて疑う」読み方をするとしたら、「なるほど、良書を読むためには悪書を読まなければいいのか。じゃあ、どうすれば良書と悪書を見分けられるんだろう」と考えてみることができます。そして自分なりに考えながら読み進めていくわけです。

するとまたこのような一文が出てきます。

「読書するとは、自分でものを考えずに、代わりに他人に考えてもらうことだ」

つまり、著者が問いを立て、投げかけて、それに対して著者が考えて結論を出す。読書はそれをただ読むだけであれば、著者が考えていることの後追いに過ぎません。つまり、本を読んでいる人間は自分で考える力をなくしてしまうという警告です。読めば読むほど、考えない人間になると言います。

また、読書を食事にもたとえます。

「食事を口に運んでも、消化してはじめて栄養になるのと同じように、本を読んでも自分の血となり肉となることができるのは、反芻し、じっくり考えたことだけだ」

ショーペンハウアーは、読書が全て役に立たないと言っているわけではありません。手当たり次第に読めばいいという考えや、本に書いてあることだけを妄信的に信じることについて警鐘を鳴らしているわけです。

信じることと疑うことは相反しますが、常に、「なるほど」「でも、本当にそうだろうか」などと「信じて疑う」訓練に、読書は適していると私は考えています。

先ほど、対話についてソクラテスのことをお伝えしましたが、ソクラテスは書き言葉を嫌い、自らの考えを著作としては残しませんでした。ソクラテスは、言葉は対話によってお互いの魂に火をつけていくようなものだと考えていたからです。

ソクラテスの死後、プラトンをはじめとする多くの弟子たちの手により、人々と対話を繰り広げたソクラテスの様子が「対話篇」としてまとめられ、現在に伝わっています。

プラトンがまとめた対話篇の一つ『パイドロス』は、当時横行していた形ばかりの弁論術について論じています。その中で、ソクラテスは書き言葉についても批判しました。

ものを書くというのは絵画のようで、「いとも尊大に、沈黙して答えない」。何かをたずねても何も答えてくれない。その言葉について理解できない人間が見ることも、不当に罵られることもある。それに対して身を守ることもできない。とその困った点を並べています。

さらに、書き言葉は「ものを知っている人が語る、生命をもち、魂をもった言葉」の影であり、慰みや覚書程度のものだというのです。

そういう意味では、下手に読書をしてもだめだと最初に主張したのはソクラテスだと言えるかもしれません。

ただ、いまの世の中では、本がたくさん出版され、ものすごいスピードで知識も発展しています。「読書は不要」というわけにはいきません。このような状況の中で私たちが忘れてはならないのは、ソクラテスが言った次の言葉だと思います。

その言葉というのは、自分自身のみならず、これを植えつけた人をもたすけるだけの力をもった言葉であり、また、実を結ばぬままに枯れてしまうことなく、一つの種子を含んでいて、その種子からは、また新なる言葉が新なる心の中に生れ、かくてつねにそのいのちを不滅のままに保つことができるのだ。そして、このような言葉を身につけている人は、人間の身に可能なかぎりの最大の幸福を、この言葉の力によってかちうるのである。

（プラトン『パイドロス』藤沢令夫訳、岩波文庫）

言葉は本来「心を揺さぶる」ものであり、知識を増やすためだけにあるのではない。子どもたちに関わるとき、そのことを常に心に留めておいていきたいと思います。

音読と黙読

読書に関しては、メディア研究で有名なカナダのマーシャル・マクルーハン（1911-1980）の主著『グーテンベルクの銀河系』という面白い本もあります。

グーテンベルクはドイツの印刷業者で、一四四五年頃に活版印刷技術を発明したとされている人物です。印刷技術は羅針盤や火薬と並ぶルネサンスの三大発明と呼ばれ、ヨーロッパ文化や人間の意識に大きな変化をもたらしました。新しい道具の発明は、人間の感覚器関のどれかを拡張することにつながります。

いまでこそ私たちは声を出さずに文章を読む、黙読をするようになりましたが、人々は文章を読むとき、ある頃まで声を出して読んでいたのです。つまり、人間には本を黙読する習慣はなかったのです。

本を黙って読む習慣は、日本でも近代に入りようやく身についたものです。立教大学の国文学教授だった前田愛（1931-1987）が著書『近代読者の成立』（岩波現代文庫）の中で、昔の日本の読書の様子を記しています。

明治から昭和にかけては、『三国志』や『学問のすゝめ』『八犬伝』などの読み聞かせが家族の楽しみであり、樋口一葉の日記には母親に小説を読み聞かせていたことがあったこともあります。本が貴重なものであったことや、読み書きのできない人がまだ多くいたことも関係しているでしょう。

活版印刷が日本でも広まったのは明治初年ですが、村人を集めて新聞を読み聞かせる会が開かれたこともあったようです。明治時代には、汽車や電車でも、新聞を読む人はめいめいに声を出して読むことが一般的で、大正時代になってようやく批判されるようになったといいます。

黙読は、活版印刷の登場により新聞が登場し、本の流通量が拡大し、識字率が高まったことにより始まったことのようです。

本来、本を読むことは、その著者との対話でもありました。声を出し、抑揚やリズムをつけて読むことで、「この人はここを強調したかったのだな」「ここはこんな気持ちで書いているのだな」と理解を深めることができます。言葉は、単に情報を伝達する記号ではなく、人間と人間の深い触れ合いや結びつき、コミュニケーションのためのツールです。そのような本来の機能に近づけようとする読書の形がおよそ一〇〇年前まで残っていたのです。

時代が進み、時間の流れはどんどん速くなりました。印刷物が大量に流通し、情報量は膨大になり、情報をいかに早く取り入れるかが重視されるようになっていきました。

声を出して読んでいると時間がかかります。斜め読みで情報だけを拾う速読などが読書の方法として重宝されるようになりました。

そのような経緯を知ると、子どもたちが小学校で出される音読の宿題などは、貴重な機会だと思えます。

私自身も、これは大事だと思う本は、声を出して読んでみます。声を出して読みながら、「おお、やっぱりそうだよな」と自分の中から出てくる言葉を大事にして読み進めることで、あたかもその著者と対話をするような体験に近づくと考えているからです。

「かたる」の復権

そしてもう一つ、「かたる」という言葉を復権させてはどうかと思っています。

民俗学者の柳田國男（1875-1962）も述べていますが、昔の人は「はなす」ではなく「かたる」という言い方をしていました。「かたる」は昔からある和語です。漢字が入ってきて以来、漢字を当てて「語る」となりました。
「語る」は言偏に吾。「話す」は言偏に舌。

つまり、人格を持った吾、私がしゃべっているのが「語る」であり、舌がしゃべっているのが「話す」です。「かたる」という言葉には他の字も当てられさまざまな意味で使われていました。だますという意味の「騙る」や、交の字を当てる「交る」もあります。これはコミュニケーション、交わることを指しています。

昔、東北で昔語りをしてくれるおばあさんを「語り婆」と呼びました。「昔々なあ、こんな山姥がおってなあ」などと、語り婆の「かたる」世界にそれを聞いている子どもたちが入りこみ、子どもたちの心が結ばれていきました。そして、最後に「だとさあ。よかったなあ」と言ったところでみんな一緒に現実に戻ってくるのです。「ああ、よかった」「やっぱりさっきの話、怖かったなあ」とお互いに言いながら、語り婆を通して世界を共有していました。

古代ギリシアの神話にも同様の意味合いがありました。神話を共有することで、同じ民族であることを実感させる効果がある。語りは大事な教育だったのです。

日本では最近、絵本を読んで聞かせることを「読み聞かせ」と言いますが、「読み語り」と言ったほうがその行為の本来の意味に近いのかもしれません。

子どもたちのために心を込めて語り、子ども同士の心を作品の世界の中で結ばせ、少し騙して、最後に現実に戻ってこさせる。語り婆の昔語りや、神話や童話、絵本の世界は、まさに「かたる」という言葉の意味が全て入っているのです。

一方で、「はなす」は、「話す」だけでなく「離す」とも書きます。つまり心と心が分かれていくことを意味します。アナウンサーがニュースを読むときのあのしゃべり方を「はなす」と呼ぶようになってから、「話す」が広がったのだと柳田は述べています。

囲炉裏端で皆で語る、焚き火を囲みながら皆で語る。そうしたことが人間にとってはとても大事なことでした。

「学ぶ」ときの言葉は、知識をただ増やすだけのものでは子どもたちの心に届かない。「書き言葉」でなく「話し言葉」であり、さらに言えば「語り言葉」であることが、子どもたちの「心を揺さぶる」のだと思います。学びの場にも、「かたる」の復権が必要です。

相手に身を寄せ自分の土俵に戻る

読書で必要だとお伝えした「信じて疑う」という姿勢は、読書だけでなく、対話についても「かたる」についても言えることです。相手を深く理解するためには、たとえ自分の土俵や発想のしかたと相手のそれらが全く違うとしても、その人の語りの世界にまず入ることが必要です。相手に身を寄せて、「なるほど。この人は根っこにこんな背景があるんだな」とわかると、「だからここで怒っているのか」と理解できるようになっていきます。

自分の土俵に立ったままで相手の土俵を理解するのは不可能です。本当に理解しようと思うなら、その人の土俵にこちらが身を寄せる必要があります。「うん、わかる。そういうことだな」と共感的に理解していく。本当に本を読める人は、それができるはずです。

そしてその上で、もう一度自分の土俵に戻る。そのことが、実は読書では最も大事です。「なるほど」と思った後に、「私は子どもの頃、こういうことを考えた」「もっとこういうことが知りたかったけど、この人はそれについてはどう考えるのかな」「もともと私はこう考えていたけど、これで全部説明できるのかな」「この人がここにいたら、これを質問したい」「この人の立場で言うと、私の考えていることはどこに位置づけられるのかな」

など、自分の土俵でそれを咀嚼(そしゃく)します。消化活動をして、また相手の土俵に入るのです。相手の土俵と自分の土俵を往来するうちに、だんだんと自分の土俵が大きくなっていきます。相手から学び、同時に自分を失わない。相手から学び、同時に自分が豊かに大きくなっていく。それが「信じて疑う」という読み方です。

第3章で、私は、「教養とは、いろいろな知識をより上位の知識とつなげていこうとする姿勢」とお伝えしました。

自分一人だけで考えていると、なかなか上位の知識にたどり着くことはできません。まずは、読書も含め、いろいろな他者との対話により、自分を超えた論理を知ることです。人間は、一人では絶対に真理はわかりません。何かをわかるためには最低二人が必要です。他者と対話を繰り返しながら、「この人はこう言っている。私はこう考える。ここが一致した」となったとき、そこに初めて真理が生まれるのです。

まったく違う立場の人とも「ここまではわかる。だけどこの先は私とは違う」という作業を繰り返し、それをつなげていくことで、より一般的な理論の世界が見えてくるのです。

自分なりの意味を見出す

「信じて疑う」ことにより、自分の土俵を豊かに大きくする。そして対話を繰り返すことで一般的な理論の世界が見えてくる。そのことについてもう少し理解を深めるためにも、言葉の意味には、「語義」と「意味」の二つがあることを押さえておきましょう。

私が小金井養護学校（現・特別支援学校）を訪れたときのことです。玄関に、靴箱で靴を出したり入れたりして遊んでいるAちゃんがいました。すると、先生がやってきて、「ここは靴箱で、遊ぶところではないから、教室に行きましょうね」と言いました。Aちゃんはそれでもまだ靴を出したり入れたりして遊んでいましたが、先生はAちゃんの手を引いて教室に連れていきました。

私はその場面を初めからずっと見ていたのですが、そこでこのようなことを考えました。先生は、「ここは靴箱で、遊ぶところではない」と言いました。確かに世間では靴箱と呼ばれていますし、靴箱は遊ぶものではありません。でもAちゃんは、「ここは面白そうな遊びの空間だ」と自分なりに見出し、自分で考えた遊びを楽しんでいました。その子にとって靴箱は、遊びを誘発してくれる場所でした。

先生の言葉は、「社会で定めた意味の世界にあなたは従いなさい」と言っているように聞こえました。でもAちゃんは、「社会はそういう意味を与えているかもしれないけど、僕にとってはとっても面白いもの。いろんな意味のある世界だ」と言っているように見えました。私は、そのとき以来、そのことについてずっと考えていました。

「これは靴箱」「いまは遊ぶ時間ではない」「靴はおもちゃではなく足に履くもの」と、世間ではさまざまなことが定められています。一般的に「世間ではこのように定められているからそれに従いなさい」と理解させていくことも教育の大事な役割になっています。

しかし、人間は世間で定められていることをそのまま頭に移し替えているだけではありません。「これ面白い！」「これ大好き！」などと、心を動かされることで世界の中から自分なりの意味を見出していきます。意味を見出すと、たくさん集めたい、大きく積んでみたい、自分で持っておきたいなどの思いが動き出し、いろいろな形で行動を始めます。

意味は、一人ひとりが独自に持っている好奇心や感性によって、周囲の世界や他者に対してある価値づけをしていくことで見出されるのです。

語義と意味の違い

ロシア（旧ソビエト連邦）の心理学者、レフ・セミョノヴィチ・ヴィゴツキー（1896-1934）は、『思考と言語』という本の最終章で興味深い論を展開しています。

一人ひとりが「これが面白い！」と感じるものは、社会が与えている意味とは異なる。しかし、そのような個人的な意味を与えていくところにその人の個性が表れるというのです。「私が自分で意味を与えていく心の働き」と「世間で言われている意味を取り入れる働き」の兼ね合いに、精神活動の面白さがある。これは非常に面白い部分です。

このとき、「意味」には「私が自分で意味を与えていく心の働き」と「世間で言われている意味を取り入れる働き」がある。意味を表す英語には、senseやmeaningなどいくつかの単語がありますが、私は若い頃、この二つの違いがよくわかりませんでした。

しかし、あの靴箱で出会ったAちゃんについて考えたとき、ピンときたのです。自分が何かを感じたものに意味を与えていくことは、感覚に深く関わっているからsense（感覚、センス）。一方、社会が与えた意味を理解し、そういうものだとして取り入れていくことはmeaning（意味、目的）なのだと理解しました。

ヴィゴツキーのその本の中では、sense は意味、meaning は語義と訳されていました。たとえば、宇宙人に、「母親とはどういう意味か」とたずねられたらどう答えますか。「子どもを産んだり育てたりする女の人」と答えるのは語義 meaning です。

「あなたにとって母親とは？」とたずねられたらどうでしょう。その答えは人によって千差万別です。「心にいつもいる存在」「母は自己犠牲をしながら私を育ててくれた」「愛の塊」「私は母親と聞いたら腹が立つ」――。このように、それぞれ自分の経験から価値づけしているのが意味 sense です。

語義 meaning の上に、意味 sense が重なって、発酵していくのです。

そして、「母親は嫌いだったけど、自分が母親になったら理解できるようになった」など、意味 sense は時間や経験の影響を受けながら、深まり、変化していきます。

三人称的認識を一人称化する

学習心理学、発達心理学の多くは「語義 meaning」を身につけるプロセスを研究しています。「1+1=2」ができるか、「社会で与えられた意味」をきちんと理解できるか。それを上手にできる子ども、自分で勝手に意味をつくらない子どもが発達していると言われます。

学校に行くと、「こうするんだよ」と「語義」を教えられます。「なんで?」「どうして?」と聞いても、「そう決まっている」と言われて終わり。これが繰り返されると、自分で価値を与えていく世界、つまり「意味 sense」が自分でもわからなくなっていきます。

本来、私たち人間は、生きる「意味」を求めて生きているのですが、その意味は世間でつくられるものでなく、私が私の経験に基づいてつくる「意味 sense」です。しかしそこが大切にされず、「語義」の世界に合わせて振る舞うように望まれるのがいまの社会です。学校に行って何時間も座ってじっとしていなければならないのも、人類の歴史の中ではごく最近のことです。

人間にとって「学ぶ」ということは、「意味」の世界が経験によって深まり重層化し発酵していくことによって、「語義」の世界も深まって進むことだと私は考えています。

別の言い方をすれば、人間は「語義」を学ぶことで社会性を身につけます。しかし、社会のなかで皆が使う「語義」に、その人なりの「意味」が乗ることで、その人の個性が出てくるわけです。その人らしく生きていくためには、私にとっての「意味」の世界を豊かにしていく必要があるのです。

学校での学びがそうなっていないとしたら、そこに大きな限界があるのだと思います。

これについては、西田幾多郎のもとで学んだ哲学者、戸坂潤（1900-1945）が、『認識論』という著書で興味深い論を述べています。

学校で身につける認識は三人称的な認識で、それだけでは認識が行動をコントロールするレベルにまで進化しない。その三人称的な観念を、「自己一身上」の問題として認識し直さなければならないというのです。

「自己一身上」の問題とするというのはつまり、一人称化するとも言い換えられます。

人間が何かについて本当にわかるためには、一般的な知識として記憶するだけでなく、それを自分自身の問題として考え、知識を一人称化することが必要です。

学校で学ぶ知識や世の中で起こっている問題を、自分自身の問題、あるいは自分たち自身の問題として捉え、考えていく。そのような思考を子どもたちにどのように保障していくのかが問われているのです。

生活綴方教育を振り返る

「子どもたちの一挙手一投足が表現だ」と言ったのは、戦前の日本の生活綴方運動の教師たちでした。子どもたちが自由な課題で日常生活をそのまま素直に文章で表現し、その表現を通して生活や生き方について考えるというものです。

生活綴方は、戦後いつのまにか国語科の形式的な作文教育に置き換えられてしまいましたが、本来は自分の生活を自分なりの言葉でそのままに綴るものでした。その中で、それぞれの子どもたちが体験した喜びや悲しみを共有し、人間理解、他者理解を深めながら、生きることの意味や学ぶ意味を考える意義深いものだったのです。

かつて生活の中にはたくさんの要素がありました。一般に、農家の子どもは家の仕事を手伝い、貧しさを経験し、地域社会で生きることの難しさも感じていたでしょう。生活を綴るということは、社会にある問題を、自分のこととして捉えることでした。

それは同時に、自分は何のために学ぶのか、何を学びたいのかに気づいていくプロセスでもありました。学んだ知識をいわば一人称化していく。つまり、「語義」の世界だけではなく、「意味」の世界を豊かにしていく作業でもありました。

とはいえ、いま同じように子どもたちが生活を綴ればよいかというと、それもまた難しいかもしれません。「昨日こういうドラマを見た」「テレビゲームをやって面白かった」と綴るだけでは、当時のような気づきは得られないでしょう。

しかし、子ども独自の世界には、さまざまなドラマがあります。大人から見れば些細なことでも、子どもたちにとっては衝撃的な体験となることもあります。ゲームの世界の中でも「こうして工夫したら面白くなった」「もっと面白いゲームをつくれないかな」など、戦前とは違う内容になったとしてもいいのです。子どもが自分で感じたことを自分の言葉で文章にして、それをもとに語り合うことに意味があります。

フランス発祥のフレネ教育の学校では、毎日そのような取り組みが行われています。自分の生活を綴り、語ることを通して自分の生活を見つめる時間をつくることで、学びの一人称化のきっかけをつくっているわけです。

学校教育はどうしても三人称的な知識でとどまってしまいがちです。教科書に書かれていることをどれだけ知っているかを学力とすると評価しやすい。一方、それぞれが知識を一人称化して、私にとってはこういう問題だと表現すると、評価することが難しくなります。評価しづらいからということで軽視されてしまっている。しかし、学びの目的は評価することではありません。

語義の教育から語義意味教育へ。それをどのように実践するのか。根本的に見直すべきところと言えるでしょう。

問いと答えの間を充実させる

一人称化するプロセスは時間がかかります。そのプロセスは、別の言い方をすると、「問いと答えの間」だと言えます。その「間」をどれだけ充実させるかという問題でもあるのです。

私の恩師である教育学者の大田堯(たかし)先生が「問いと答えの間」という文章を書かれたのは、一九六〇年代、受験教育の影響が現れてきたときのことです。

受験は、いかに短い時間で答えを書けるかという競争です。いまではコンピュータを使えばある程度のことなら瞬間的にビッグデータを使って答えが出ます。しかし、人間の人間らしさの所以(ゆえん)は、「問い」に対して間違う可能性があるとしても、自分で考え、自分で選び、迷ったり回り道をしたりしながら「答え」にたどり着く「間」の充実であり、それが人間を飛躍的に発達させるのです。

その「問い」自体を一人称的な問題にすることや、「答え」に至るまでのそのプロセスを充実させることによって、「私は何を求めているのだろうか」とか「私にとって大事なものって本当は何だろうか」と意味の世界が少しずつ膨らんでいきます。

「問いと答えの間」を充実させることは、自分なりの意味の世界を構築していく助けになります。意味の世界というのは語義の世界とのフィードバックを通じてできていくわけですから、パッと答えを早く出す練習では膨らませることはできません。

「問いと答えの間」をいかに伸ばすか。「問いに開かれた学び」をどう充実させていくかがこれから必要な方向性だと思います。

あることがわかると、もう一つ上位のことがわからなくなることもあります。いままでわかっていたことが逆にわからなくなることもあります。学べば学ぶほどにわからないことも増えていく。それが本来の学びなのです。

早期教育に効果があるときとないとき

語義と意味という点から人間の学びを考えていくと、いままで曖昧に議論されてきたことの問題点が浮き上がってきます。

その一つが早期教育です。早期教育というのは、学問的な定義ははっきりしていません。通常考えられる学習の時期よりもかなり早い時期から行う教育という程度の漠然としたものです。読み書き計算はどんな学習をする上でも基礎になるものだから、できるだけ早く語義を増やして文字の書き方を覚えれば、優秀になるのではないか、そのような論理で始められたのが早期教育です。

昔からそのような魅力にとりつかれた人はたくさんいました。

早期教育を受けた類い稀な成功者に、ジョン・スチュアート・ミル（1806-1873）というイギリスの思想家がいます。彼は、歴史家であり哲学家であった父親から、厳格な教育を受けて育ちました。三歳から英語以外にギリシア語を教えられ、八歳までにプラトンの著作や歴史の本を読み、八歳でラテン語も学び始め、一〇歳を過ぎる頃にはラテン語やギリシア語の本も父の指導を受けながらではありますが、読めるようになったといいます。しかも、それは頭の中で言葉を置き換えながら、必死に理解をしながら学びを進めるものでした。J・S・ミルは、自らこのように書いています。

教育熱心な父親を持った名家の子弟が、往々にして教えられたことをわけもわからず唱えるだけで、あてがわれた道筋通りにしか頭を使えない人間に育つことになる。だが私が受けた教育は、全然ちがった。何を学ぶときでも、単に記憶力だけを働かせて済ますことを父は決して許さない。（中略）考えればわかることは、何事であれ、自分で答を見つけようと苦心惨憺してからでなければ教えてもらえない。

早期教育でも、ミルの父は語義と意味を捉えるところから始めていかなくてはと考えていたことがわかります。

ところで、彼は二一歳の頃から激しいうつになってしまいます。「私の教育は、人類愛や公共心といった気持ちを育てることに失敗したのではないか」。

ミルは、友人との議論についていけなかったと言います。理屈での議論はできる。でも彼にはその語義と対応する意味の世界がやはりできていなかったのです。理屈だけで議論し、感情の世界で議論できない。言葉の意味が自分の心につきささってこないのです。

ミルはその後、ある女性に出逢います。その女性は逆に意味の世界を実に豊かに持っている女性でした。その女性は人妻でしたが我慢強くその女性の夫が死ぬのを待ち、夫となります。彼の主著である『自由論』の冒頭で、その妻について「私の著作に含まれている最も善きものの全ての鼓吹者であり、また部分的にはその著者でもあった彼女」と表現しています。

早期教育を受け、ものすごい努力をして語義の世界を頭の中に記憶させておくことはできたとしても、人間として豊かに生きることは簡単ではありません。それぞれのその人にとっての意味ができていないと、自分があれこれしている意味もわからなくなるのです。想像力や感情の世界を大事に育てることなく幸せに生きることは難しいのだと思います。

アダルトチルドレンにしない

日本で最初に虐待について告白した著書『子どもに手を上げたくなるとき』を書いた橘由子さん（1953－）の生い立ちにも、早期教育の影がありました。彼女の著書『アダルトチルドレン・マザー』には、彼女自身の育ちと教育熱心な母親について詳細に記されていま す。

四人きょうだいの長女として生まれ、専業主婦の母は自分のことよりも子どものことが大事で教育熱心。彼女も母の望み通りに期待に応えるように生きてきた。言われた通りにおもちゃを片付け、弟や妹の面倒も見て、「何もかもお母さんに知らせるのよ」と言われたので、隠し事は一切しない。友達の家や学校でしてしまった失敗も全て報告して育つうちに、著者は性の初体験についても母親に報告するようになったと記しています。

慶應義塾大学に進学し、卒業後は三越に就職。結婚して専業主婦になり、翻訳の仕事を始めるなど、ある意味で絵に描いたようなサクセスストーリーを進んでいった女性ですが、上手くいかない子育てに直面します。長女である娘の夜泣きに手を焼き、娘に手を上げたことも一度や二度でなく、その度に自己嫌悪に陥っていたと告白しました。

子育てが苦しくてしかたがない。そんなときに、彼女が出会ったのが精神科医であり、家族機能研究所代表の斎藤学さんです。斎藤さんの『アダルト・チルドレンと家族 心のなかの子どもを癒す』（学陽書房）は大変注目され、「アダルトチルドレン」は当時、流行語にもなりました。

その斎藤さんに相談に行くと、「あなたは典型的なアダルトチルドレンだ」と言われたそうです。アダルトチルドレンとは、もともとは親がアルコール依存症の家庭で育ち、大人になってもそのトラウマを抱える人のことを言いましたが、斎藤さんによって、虐待家庭などの機能不全家庭で育ち、感情抑制や共依存に苦しむ人たちにもその意味が広げられました。

特に日本では、幼い頃に自分の本当の感情を出せずに「いい子」として育ち、子どもの時代に子どもを生きないまま大人になってしまった人を指します。「いい母親」の期待を受けて自分の本当の感情（意味）を表出することができず、ずっと抱えたまま意識のなかに隠してしまうことが続くと、自分のありのままの感情がわからなくなり苦しむことが多いのです。

「自分がなぜこんなに苦しいのか、なぜ私が子どもに手を上げてしまうのか」に気づいた橘さんは、アダルトチルドレンやその母親に取材をし、自分と同じように悩んでいる人を一人ひとり紹介しながら、その人たちがどう切り抜けたかを本にまとめました。

それでもなお、彼女はあとがきにこんなことを書いています。

「何度も筆を止めた。こんな本を出すべきではない」と何度も悩んだと。

この本からは、逡巡（しゅんじゅん）しながら格闘する彼女の様子が伝わってきます。

アダルトチルドレンのこのようなケースも、親の期待する語義的感情を自分の感情と思い込み、本当の自分の感情を抑圧してしまったものと言えるでしょう。

人間の促成栽培はできない

「わかる」というのは、語義meaningがある程度わかりながら、その上に意味senseの世界をまぶして豊かに深めていくことです。死ぬまでそれを深めていくこと、それが学ぶということです。

早期教育は、その大切なプロセスを邪魔するものであり、妨害してしまう可能性が大きいのです。幼い間にたくさんの言葉を覚え、計算が速くできるようになったとしても、自分が嫌だと思うことを嫌だと言えなくなってしまったり、自分がやりたいことに没頭できなくなってしまったりすることが多くあります。

自分なりに「世界はこうなっているんだ!」と価値づけることができず、世間の「これがいい子だ」という論理だけをひたすら覚えてそれに従っていると、後になってその人の心の深部にある、その人の人間としての不満や苦しみが必ず外に出てきます。

人間の促成栽培はできません。人間というのは、問いと答えの間を何度も行き来しながら、自分でゆっくりと世界に価値づけしていくことでしか、自分の心の深いところまでが納得するようには育たないのです。ヨーロッパの諺に「早く熟せば早く腐る」というものがあります。早期教育によって人間を知的に優秀にできるというのは幻想です。

仮に一二歳で司法試験に受かった子どもがいたとしましょう。あなたは、その子どもに裁判の弁護を依頼するでしょうか。

そもそも、司法試験は、ただ暗記をするだけで受かるものではありません。判例や法律を覚え、その判例がさらにどう応用されたかを覚えることが必要ですが、それをただ丸暗記しているだけの人間はいつまでも受からないそうです。最終的には語義だけでなく意味の世界が必要です。「なぜこういう判例が出たんだろう」と、自分なりの意味の世界を模索しながら語義の判例を考える、自分なりの意味の世界に持ち込んで、自分の土俵の世界の中で時代や文化を勘案してそれを解釈しなおす。そういうことができる人でないと司法試験には受からないのです。

語義の世界だけを肥大化させたような教育は、場合によっては子どもへの虐待になってしまうということを知っておいてほしいと願います。

子どもたち一人ひとりの意味の世界を豊かにしていくために、小さいうちからいろいろなものに出合うことができるようにし、世間での語義についても無理のない範囲で伝えながら、それに対して「私はこう思う」「僕はこう思う」という世界を豊かに体験させる。日常の生活の中で自分なりの意味の世界を表出したとき、「へえ、面白いことを考えたね。どうしてそう思うの」「なるほどね」と励まされることが、子どもたちにとって必要なのです。

知識を身につけるほどわからないことが増えていく

しかし、たとえそのように本当の意味で知識をどんなに身につけても、世界の全てがわかるということはありません。知識を身につければつけるほどに、わからないことが増えていき、わからなさがより鮮明になっていきます。

人間にとって、いろんなことがわかることはとてもうれしいことです。自分の目の前の世界が深まって見えるようになります。目の前の世界だけでなく、時空を超えて広い世界や歴史も見えてくると、世界の色や濃淡が見えてくる。世界に対する接し方が変わっていきます。

しかし、何かが一つわかることで、「だとしたら、あれはどういうことだろう」と、いままであまり疑問に思っていなかったことがまた一つ疑問になるのです。

たとえばニュートン（1642-1727）は、リンゴが落ちる様子を見て、全てのものには引き合う力がある、万有引力があるという仮説をつくりました。そうするとあれこれがうまく説明できる。

「そうか、万有引力で説明をすればそれで合理的に説明できるぞ。太陽と月も引き合っているんだな。なるほど」と思った途端、「でも、なぜ全てのものは引き合っているのか。これとこれも引き合っている。どうしてだろう」と、さらに新しい問いがやってきます。

わかればわかるほど、わからないことが出てきて、そのレベルが深まっていく。いろんなことがわかってくるということは、自分のわからない世界がはっきりしてくることであり、わからない世界の深さや大きさがわかってくるということでもあります。

人間がわかることなど、ほんのわずかなことです。一番大切なことはなかなかわかりません。結局、人間というのは、一生懸命わかろうと努力して、最後は「所詮、人間は、全てを知ることができない存在である」ということがわかるに過ぎないのかもしれません。

ソクラテスはこれを「無知の知」と言いました。近年は「不知の自覚」と言われることが多くなりましたが、『ソクラテスの弁明』にはこのような部分があります。

われわれのいずれも美にして善なることについては何一つ知らないようなのですが、しかし、彼は知らないくせに何か知っているると思っているのに対して、私のほうは、実際、知らない通りそのままに、知っているとも思ってもいないからです

（プラトン『ソクラテスの弁明・クリトン』三嶋輝夫、田中享英訳、講談社学術文庫）

こう語るソクラテスのようなある種の謙虚さを持ち、諦観（ていかん）の境地に至ることが、学ぶ目的なのかもしれません。

諦観とは、本質を明らかに見てとることを意味します。「諦める」は、断念するなどの意味もありますが、仏教用語では「明らかにする」「つまびらかにする」ことでもあります。さまざまなことを学んだ上で、やはり人間には全てを知ることは無理なのだということが明らかになるのです。

人間は、この広い宇宙の中にある小さな地球に生まれ、ほんのいっとき生きているだけの存在です。一〇〇年足らず生きたら、皆、土に還っていく。そんな存在が、この壮大な宇宙のことを全て知り尽くすなんてありえない。それなのに、人間は、「自分はなんでこ

こにいるんだろう」「どうして人のことを好きになるんだろう」「なぜ美しいって感じるんだろう」と、わからないことを考えてしまう不思議な動物です。

そういうわからないことを考える時間を持つことこそ、知識を増やすことにつながっていくのです。

第5章

「学び」を支えるための教育

「学び」のスキルを身につける

この章では、子どもたちの「学び」を支えるために、教育にはどんなことができるのかを具体的に考えていきたいと思います。

第3章の最初で、「学び」とは「脳の中に情報処理の回路が新しくできること」と定義しました。「脳の中に情報処理の回路が新しくできること」は、「新しいことを知る」と「新しいスキルを身につける」に分けられますが、第3章ではそのうちの「新しいことを知る」の三つのレベルについて解説しました。

言葉・名前を知ること、その対象の属性を知ること、現象の背景にある法則を知ることだけでは、ただ知識がたくさんあるというだけに過ぎません。第4章でお伝えしたように、その知識の語義 meaning に、自分の体験を通して蓄えた意味 sense をまぶしながら、記憶していくことが必要です。

そしてさらにそこから、自分のものとなった知識を実際に使うためには、「新しいスキルを身につける」ことも必要です。第2章で「二一世紀型スキル」として紹介したもの、つまり、「プロセスを実行したり、目標を達成するために自らの知識を責任ある形で活用することができる能力」（ＯＥＣＤによる）がヒントになるかもしれません。これはいま、世界の学校教育で重視されています。

「認知的スキル」である読む力、書く力、計算力、批判的思考力、問題解決能力、創造的思考力などに加え、「非認知能力」とも呼ばれる「社会・情動的スキル」が特に注目されています。忍耐力、自制心、レジリエンス、責任感、好奇心、精神的な健康（心身のウェルビーイング、すなわち気持ちに不安がなく安定していていろいろなことに前向きになれる状態を確保する力）などです。

実際の子どもたちに引き寄せて考えてみると、たとえば、考え方、調べ方、議論のしかたや、最後までやりぬこうとする力、人と上手にコミュニケーションする力、気持ちをコントロールする力なども含まれます。

何かを考えるとき、ただ闇雲に考えるのではなく、「いま何を考えようとしているのか」とテーマを絞り込んでから考える。自分が何をわかっていて何がわからないのかをはっきりさせていくことも必要です。わからないことを調べるにはどう調べるべきか。実際に体験している人に聞く、インターネットで調べる、図書館で調べるなど、それぞれの調べ方を身につけ、目的によって自分で選んで調べるスキルもあるといいでしょう。

コミュニケーションのしかたもとても大事なスキルですが、実は日本の学校では本来のコミュニケーションについてほとんど練習をさせてくれません。コミュニケーションは、本来、通じ合う、共感し合うという意味です。ただ一方的に話をすることや、ただ質問をされることに答え続けることでもありません。相手の話を聞いて、「そうだね。わかる、わかる」と反応し、こちらが話したことに相手も反応する。そのような関係性を構築することも含めてコミュニケーションなのです。commune（通じ合う、わかりあう）＋cation（ようにする）がコミュニケーションの原意で「伝える」はもとの意味にはありません。

議論をするときも、たとえば、「幸せについて」などテーマを絞った上で、自分が経験的にどんなときに幸せを感じるかを出し合い、そこから共通するものを見つけていくなどのスキルが必要です。

「ここまで話した内容としては、二つ説があるということだよね。こっちのほうがいいという人とこっちのほうがいいという人に分かれているようだけど、まず、こちらを詰めましょう。いいですか？　では、こちらに賛成の人は意見を言ってください」などと進行することができれば、議論が散漫になりません。

困難を切り抜けるために

このように、身につけていきたいさまざまなスキルがありますが、精神的な健康について、私の実体験も含めてお伝えしておきたいと思います。「自分が苦しいとき」にどうすればその状況を切り抜けることができるのか、これは、いまの子どもたちにとっても欠かすことのできないスキルです。

直接学びに関係ないと思われるかもしれませんが、学校の友人たちとの関係や進学のことなど、閉ざされた小さな世界の中で絶望したとしても、そこから抜け出すスキルを持つことが、きっと子どもたちの支えになるはずです。

実は、これは若い頃の私にとっての大きなテーマでもありました。私は高校一年生あたりからいろいろなことに悩み始めました。

中学校までは本も読まず、日が暮れるまで外で遊び、友達の家で化学実験をし、日曜は学校の理科室で夜までプランクトンの調査をしてまとめたり、野球やテニスをしたり、生徒会長をしたり、自分でやりたいことをやりたいようにやっていましたが、高校は進学校に行けということで隣の学区の進学校に進学しました。しかしそこは、私がそれまで育ってきた環境と大きく異なり、周りはみんな休み時間にも熱心に勉強していました。受験のために知的訓練を受けにきているような学校で、私がその頃抱えていた「人間はどうしたら平等になれるのか」「なんのために学ぶのか」などの問いを語り合える雰囲気ではありませんでした。

高校で安穏と勉強をする気になれず、入学して一月ほどで私は一切勉強をしなくなりました。後から友人や母に聞いてわかったのですが、私は高校二年生の一年間、一度も笑わなかったそうです。

そんな中、母親をガンでなくしたという人とたまたま出会い、彼とはすぐに友人になりました。その友人は高校をやめようと考えていた私をたしなめ、おまえなら他にやれることとあるんじゃないのと言ってくれました。そこで私は高校三年生になって自分にできることはこの学校を変えることだと考え始め、生徒会長に立候補し、「僕たちはどうやって生きていくかを考えるべきではないか」などと訴えたのです。

その後のことは前に少し書きましたが、浪人して大学に入ってからしばらくは調子がよかったものの、夏休み明けの九月の試験は全く受ける気にならず、部屋の片隅でずっとレコードを聴いていて、ほとんどの試験を受けませんでした。調子のよいときは活動的になるけれども、落ち込み始めると動けなくなりました。うつのような状態に繰り返しなってしまうのです。

その後、何度かそのような状態になったのですが、自分でも調子が悪くなっていくときにその兆しがわかるようになりました。少しおかしいぞと思ったら、抱えている問いを考え続けることや、自分の状態について考えることは一切やめて、全く違うことを考え、何か楽しいことをするように心がけました。目の前のやりたいこと、やらねばならないことに集中するのです。そうすると、いつの間にか気分も楽になっていきました。そのコツがわかるまでにはかなりかかったと思います。

心の状態をポジティブに保つのはとても大事なことです。どうしても嫌なことは起こりますし、落ち込むこともあるでしょう。

落ち込んだときにどのようにすれば楽になるのか、自分の心の状態をキャッチして、調子の悪いときにはそれを和らげ、自分自身の心の状態をウェルビーイングに保つ、その自分なりのスキルを手にすることは、生きていく上でとても大事なことです。

自分に合った勉強法を見つける

私は団塊の世代で、中学時代には塾などもなかったので、塾に通ったことはありません。そのため受験に向けても、一年間の受験勉強をどのように進めていくかを自分で考えなければなりませんでした。

中学三年生の四月から試験がある二月まで一一か月。その一一か月間をどう使うか、誰も教えてくれません。学校の休み時間を全部合わせれば一日に七、八〇分ありましたから、これを二〇〇日やると一万六〇〇〇分くらい勉強できると気がついて、よし、休み時間は問題集をやろうと決めました。速い日には一日一冊の問題集をこなしていました。

教科を決めて一科目ずつ集中してやり切るのか、並行して一時間ずつ進めていくのか。それはその人の性格にもよるのですが、私は集中してやったほうがよいと思い一つずつ順にやっていました。問題集も簡単なものから自信をつけていくのか、難しいものを唸りながらやるほうがいいのか、これも好みによって異なります。

私にとって、受験勉強は自分に合う勉強法を見つけるきっかけになり、それはそれとして楽しむことはできたのです。資格を取るなど、人生の中でどうしても期日までに勉強しなければいけないときがあると思います。そんなとき、どのように勉強をすれば自分が伸びるのかを冷静に考えることはいい経験になります。自分なりの勉強のしかたを編み出して、これならできるという方法を工夫しながら考えるのです。

特にいまの日本の教育ではあまり重視されてない、学び方を学ぶ、思考のしかたを学ぶ、困難を切り抜ける方法を学ぶなどは、これからさらに大事になっていくはずです。

メソッドを創り出せる人間に

スキルを学ぶと言うと、教えられたメソッドの型を覚える、と受け取る人が多いかもしれませんが、第1章でも言いましたように、人が編み出したメソッドをそのまま取り入れても、自分自身のスキルは高まりません。必要なメソッドは自分で考えるのが一番です。自分一人でなく、誰かと相談し、互いに意見を出し合いながらメソッドを作ることができれば理想的です。メソッドを自分たちで創り出せる人間になっていくことです。これは、子どもたちだけでなく、親も先生も、全ての人に共通して言えることです。

私は学生時代、家庭教師や塾でアルバイトをしていました。塾では、「一番できないクラス」の中学生を担当しました。

「受験まであと一年。大事なのは自分なりの計画を持つことです。得意科目を伸ばすのか、苦手科目を克服するのか、やりやすいほうでやろう。場合によっては塾を休んでもいいし、手伝ってほしいときは声をかけてください。まず、自分で計画表を作ってきてください」

子どもたちにそう言いました。でも一週間経っても誰も計画表を出しません。もう一週間待ちました。それでもまだ誰も出しませんでした。不思議に思って、「どうして出さないの?」と聞いたら、「計画ってどうやって作るんですか」と言われました。

彼らはそれまで、定期試験のときにも、塾で言われたことを言われたままにやっていただけで、自分で目標を立て、それに向かって計画を作ったことがないようでした。

塾の先生に言われたことを言われたままにやれば、定期試験である程度の点数は取れたのでしょう。でも誰も、計画を立てたこともなければ、自分の計画で失敗したこともなければ、自分で考えて自分に合った勉強のしかたを見出した経験もないのです。それは、塾の方針がよくなかったのかもしれません。その後、一緒に考えながら計画を立てましたが、私も一年でその塾のアルバイトを辞めてしまいました。

学問の世界を知らない学生でも、自分で考え、自分で選ぶ機会があり、誰かに手伝ってもらうことができれば、一緒にあれこれ考えながら自分に合う勉強方法を見つけることができたはずです。それも、学びの大事な中身なのです。

個々の問題を解くときも同じです。

「どうしてここではこの解き方を使うの？」「もっと違う解き方はないのかな？」と考えることで実力はついていきます。自分で考える時間さえカットして、効率を上げるために正解である解法を暗記することは逆効果でしかありません。効率のために思考する時間をカットしてしまえば、意味 sense の世界が豊かになることは、絶対にありません。

「苦手な科目ばかりやると勉強するのが嫌になるから、苦手な科目は普通の参考書じゃなくて漫画で読んでみよう」

「一番簡単な問題集を探してゲーム感覚でやってみよう」

その子なりの工夫や面白いアイデアで、自分なりのメソッドを創り出せることは、その後生きていくときの大きな力になるはずです。

言葉は諸刃の剣

人間は世界を切り分け、言葉によって名前をつけました。そしてその属性や法則について理解を深め、語義だけでなく意味を知り、スキルを手にすることで学びを深めていきます。

ここでもう一度、言葉について考えてみましょう。特に、言葉の「諸刃の剣性」について考えてみたいと思います。

言葉というものは、何かを区分けし、そこに適当にレッテルを貼っているだけのものです。レッテルを貼り、わかったつもりになってしまう危うさを常にはらんでいます。

つまり、いま赤と呼んでいるものは青と名付けてもよかったわけで、そのレッテル貼りは適当で、恣意的なものも多いのです。絶対にこの言葉でなければならなかったというものは、実はとても少ないのではないかと思います。また、分節するための区切りも明確にあるわけではなく、たまたま人間が、仮にここで分けると決めたに過ぎません。

そして、言葉には限界もあり、言葉によって認識が曇らされたり翻弄されたりすることがあります。時には言葉そのものが、認識をごまかす働きをすることさえあります。

たとえば、「義務教育」という言葉がありますが、この言葉は、明治時代に日本に入ってきた言葉を翻訳したものです。英語ではcompulsory educationと表現されていました。compulsoryは「強制的な」という意味です。明治のある時期まで、日本語訳は「義務教育」ではなく「強制教育」で、「国家は国民の教育を父兄の自由に一任せず、これに干渉を加え、児童をして必ず国家の要求する最低限度の教育を受けしむ。強制教育または義務教育と称する是なり」（伊藤秀夫編著『義務教育の理論』）とされていました。

現在の日本国憲法のもとでは、義務教育は子どもの義務ではありません。国と国民、つまり、親の義務です。「すべての子どもは教育を受ける権利を有する」のように書いてありますから、その権利を満たすために行政と親が子どもに教育を提供しなければならないのです。

子どもには「教育を受ける権利」があるけれども、いわゆる通常の「学校に行く義務」があるわけではありません。でも間違った解釈をもとに、不登校の子どもたちに「あなたは学校に行く義務があるのだから」と言って子どもを学校に戻そうとする人もいます。

言葉のイメージだけで勝手に解釈するのではなく、実際にはどのように世界を分節しているのか、その言葉の背景にどのようなことがあるのかを知り、それは本当にその分け方で良いのか、その言葉で良いのかと問い直すことが必要です。

そうして世の中の言葉を見直すと、「不登校」もおかしな言葉です。この言葉ができた前提には、「登校するのが当たり前」という価値観があります。それなのに登校しないというこ とで「不登校」と名付けられたのでしょう。「不」という字にはネガティブなイメージがあり、「不登校」もネガティブなイメージになってしまいます。「本当は登校しなくてはいけないのに私は登校していないから、ダメな子なのかな」などと認識して、自分はダメな人間だと思い込んでしまう子どもも多いのではないでしょうか。

私が名前を変えるなら、「自分で人生を見つけようとしている子」という意味で「自己選択児」などとしたいと思います。教育にはいろいろな形態があり、学校で授業を受ける子どももいる、家庭で学習している子どももいる、面白い塾で勉強している子どももいるというように理解が広がり、いつか、そのような場がたくさんできたなら、「不登校」という言葉はいらなくなるでしょう。

言葉の危うさは、教育現場に限られたことではありません。「原子爆弾」もそうでした。「原子力」は、当時、『鉄腕アトム』などの漫画もあり、夢のあるものだと信じる人が多くいました。だから「原子爆弾」は広島の経験があるにもかかわらず、「こわい」というイメージと強く結びついているわけではありません。ここは正確にその爆弾の性質を表す言葉として、「人類絶滅兵器」「大量殺戮兵器」「残酷殺戮兵器」などと名付けられていたなら、多くの人は使用を反対するはずです。みなさんもご存じの通り、「原子力発電所」も、東日本大震災の前と後では、その言葉の印象が大きく変化しています。

「中性子爆弾」をアメリカがつくり出したときも、言葉による恐ろしい印象操作がありました。中性子爆弾は全てのものを通過する中性子を出すため、家の壁なども通過して人間は瞬時に苦しまずに楽に死ねる。米軍はそのことを説明し、「人道的な兵器です」と言ったのです。「人道的な兵器」など、そんなものはあり得ない。それは、「黄色い黒です」などと言っているのと同じです。

ここ数年の国会議員の答弁もひどいものです。「この間の話を撤回します」という言葉を何度も耳にしました。一度話したことを撤回することなど可能なのでしょうか。全ての人の記憶から抹消することができるのでしょうか。そのような使われ方をする「撤回」という言葉は、失敗や嘘を後でごまかすための言葉だと定義しているようなものです。

言葉を使って世界を認識している人類にとって、言葉は便利なものである反面、認識を上手に曇らせてしまうこともある。言葉は、そのものを伝えることはできない。これは、読書のところで触れた「信じて疑う」にも通じる話です。言葉は便利なものであり、学びには欠かせないものではありますが、諸刃の剣であることを常に心に留めておいていただきたいと思います。

子どもの言葉と行動の関係

言葉は、因果関係を理解するためにも必要です。

イギリスの社会学者、バジル・バーンスティン（1924-2000）は、中産階級と労働者階級の使う言語の違いを調べ、「言語コード」の違いによって子どもの行動に影響があるという研究結果を発表しています。コードというのは軍事用語で、暗号の解読符のことです。そこから意味が広がり、言語学の世界でも、語彙、語法、文法などをまとめてコードと呼ぶようになりました。

労働者階級の多くは「限定コード」を使い、中産階級の多くは「精密コード」を使って家庭で会話をしているということがその調査でわかりました。

「限定コード」は、語彙が少なく接続詞にも「and」を使うことが多く、「で」「それで」とつなぎながら主観的な短い文章で話を進めます。

一方、「精密コード」では語彙が多く、「だけど」という逆接の接続詞や、「なぜかというとbecause」など、文章と文章を複雑につなぐ接続詞を用い、一文が長いのが特徴です。そのような環境で育った子どもたちは、客観的、抽象的な言葉や接続詞を使って因果関係をふまえ、論理的に話すことができるようになりやすいわけです。

学校教育においては、後者の「精密コード」に近いコードを用いて教育が行われています。中産階級の子どもたちの多くは就学前にその訓練をされているので、あまり抵抗なく授業に順応していくのですが、労働者階級の家庭で「限定コード」で育った子どもたちは戸惑います。初期の調査では、労働者階級は労働者階級の言語を使うことによって再び労働者になっていくという研究結果がまとめられました。

しかし、また別の調査の際に「この絵を見て分類して物語をつくろう」と複数の食べ物の描かれたカードを渡したところ、中産階級の子どもは海でとれるもの、野菜、などと抽象的な分類で分けましたが、労働者階級の子どもたちは、朝食べたもの、好きなもの、嫌いなものなど、自分の体験に基づいてオリジナリティの高い分類をし、物語を話したそうです。

学校や一般社会での分類は確かに前者のほうが正しい分類のようにも思えますが、「こうするべきだ」「これとこれは仲間」など定型を刷り込まれてしまい、語義meaningに縛られ、自由に意味 sense を楽しむことができないともとれます。

バーンスティンは後年、どちらの子どもたちの良さも伸ばしていくには、学校でどのような教育が必要かということについて研究を重ねています。

体験に寄り添い思考力を育てる

日常から論理的にていねいに話すこと、また、そのような環境で育つことで、論理的な思考力は身についていきます。しかし、バーンスティンの研究からもわかるように、想像力やオリジナリティが削ぎ落とされていく可能性もあります。

言葉はもともと、自分で確かめることを省くための装置とも言えます。

たとえば、目の前に食べられそうだけれども食べたことがないものがあったとき、子どもはどうするでしょうか。言葉があれば、「それなあに？　食べられるの？」と聞くことができます。「これはチョコレートよ。食べてごらん」と言われて、安心してパクッと食べて「おいしいね」というやり取りを短時間ですることが可能です。

もし言葉がなければ、その子はどうするでしょうか。「これは食べられるものだろうか。それとも、食べられないものだろうか」と考えます。しかし、見ているだけではわかりません。まず、近づいて匂いを一生懸命嗅ぐかもしれません。触って感触を確かめ、大丈夫かなとちょっと舐めてみるかもしれません。あの手この手を使って自分なりに工夫して、五感を働かせて確かめるのです。

食べ物だけではありません。たとえば、子どもに、「ウサギはふさふさして気持ちがいいよ」と教えたとします。「ウサギはふさふさなんだな」と子どもたちは素直に覚えます。でも実際はどうでしょうか。

私は、ウサギを飼っている幼稚園を訪問したとき、ウサギを抱えて子どもに「はいどうぞ」と渡しました。どんな言葉が出てくるのかを実験してみたのです。一番多かったのは、「ヒクヒクしてる」という言葉でした。「あれ、チクチクしてるよ」と言う子も「あったかい」と言う子もいました。

自分で体験することによって、ウサギに対する認識は全く変わります。ウサギを触ったことも見たこともない子どもたちは、「ウサギはふさふさ」「ウサギの目はピンク色」と教えられると、「ウサギはふさふさしていて目はピンク色」と覚えてしまいます。でも実際には、全てのウサギがふさふさで、目がピンク色なわけではありません。

実際にウサギを見て触り、匂いを嗅ぎ、毛がチクチクすることやあったかいこと、耳が長い、思ったより短い、目の色は光によって変わるなど、五感でさまざまなことを感じた上で「これは○○ウサギと言うんだよ」「この草が好きなの」と聞かされた子どもたちにとっては、一人ひとりのウサギの「意味」は全く異なるはずです。

体験をしながら五感を働かせ、匂いを嗅ぎ、触り、時には痛い思いをし、うれしい思いをし、そのものを知っていく。これを「体験知」と言います。

言葉をたくさん知っているほどいいという単純なものではありません。自分で確かめることを省き、時間を短縮するだけでは、必要な体験が抜け落ちてしまうのです。語義だけでなく意味をわかって使えるように、「体験知」をどんどん増やしていくことが大切です。

これは中高校生になっても、大人になっても同じです。「ワシントン、知っているよ。アメリカの首都だよ」ということと、実際にワシントンに行って、アフリカンアメリカンが多い街だなと感じたり、ワシントンに住んでいた人に直接話を聞いたりする体験の間には、大きな乖離があることを認識しておく必要があると思います。

言葉はとても大事なものですが、これまで述べたように、常に二つの危うさがつきまとうことを忘れないでほしいのです。一つは言葉によって認識が曇らされてしまう可能性があること。そして、もう一つは、言葉を知っているといっても、語義をわかっているだけで、自分なりの意味はわからない場合が多いということです。

　だからこそ、子どもたちには言葉だけを教えるのではなく、子どもの体験にていねいに言葉を添えてほしい。

　窓を開けるときには、「ちょっと暑くなってきたから、窓開けてもいい？」と子どもに聞いて、風が吹き込んできたら、「あ、涼しい風が入ってきたね」などと、言葉を添えてあげてください。そうすれば、「暑いと窓を開けるといいのかな。窓を開けたら涼しい風が入るんだな」のように、体験を通して因果関係を理解していきます。

「よいしょ。お父さん、昨日は転んで足を怪我したから、立ち上がるのが大変なんだ」と言うと、子どもはだんだん「お父さん、転んだから足が痛い？」と原因から推測して心配してくれるようになります。「私ね、風邪ひいたから咳してるの」など、自分のことについても言えるようになっていきます。そのようにして身近な物事には原因と結果があることがわかり始めます。

「よくわかってくれたね。じゃあお父さん足が痛いから、ちょっと手伝ってくれる？」とやり取りを繰り返すことで、言葉を使うと物事のつながり、因果を上手に説明できること、それがわかるとうれしいということを体験的に学んでいきます。そして、それらが内面化されていくことで思考力が育っていきます。

もちろん、世の中には、原因と結果だけではとても表現しきれない世界があるのですが、人間は、考えるときにまず因果関係を求めます。家庭でも学校でも同じです。子どもとのやり取りの中では、一方的に言葉を教え、覚えさせるのではなく、その子が体験している世界に言葉をていねいに添えるということが何よりも大事なのです。

ものを認識するステップ

ものを認識するしかたや思考が成熟していく順番は、基本的にどの子も同じプロセスをたどると考えられ、障害のある子どもたちはその進み方がゆっくりなのだとされていました。それを最初に主張したのは心理学者たちです。そこでは「発達段階」という言葉が使われるようになりました。

発達段階にはいろんな説があります。一番古いものはアメリカのロバート・J・ハヴィガースト（1900-1991）という教育心理学者のものです。彼は人生を六つの段階に分け、「最初の乳児期・児童初期」などは年齢ごとに何ができるかを調べ、実際のデータを集めて分析しました。

それに対して全く異なる視点で論じたのが、スイスの心理学者であるジャン・ピアジェ（1896-1980）です。生物学的な視点と哲学的な視点を入れて発達段階を論じました。ピアジェは批判されることも多いのですが、とても大事な論を多く残しています。

たとえば、「保存の概念」というものがあります。この概念が子どもに身についているかいないかによって行動のしかたが全く変わるというのです。

三歳から四歳くらいの子どもに、ビー玉を三〇センチ間隔で並べて見せ、「ここに、ビー玉が並んでいるね。いま、このビー玉を全部集めるよ。（ぐっと集めて）ほら、これだけになった。さっき並んでいたビー玉といまここにあるビー玉、どっちが多い？」と聞くと、多くの子どもたちは「さっきのほうが多い」「いまのほうが多い」などと言います。しかし、中には「どうしてそんなことを聞いてるんだろう。同じだよ」とすぐにわかる子もいます。

粘土の形を変えたときも、入れ物を替えたときの水の量などでも同様のことが言えます。見た目が変わっても量は変わらないということを理解できるのは、論理的な思考ができ、頭の中で可逆性（元に戻せば同じ）、相補性（ビー玉の列は長いけど間が空いていたから数は同じなど二つのことに注目して比較できる）、同一性（増えても減ってもいない）をイメージできるからとされています。ピアジェは当時、それができる年齢を七歳から一一歳くらいとしましたが、もう少し早い時期だろうということがその後の研究で示されています。

また、ピアジェは、幼児期の子どもが遊びながら一人でぶつぶつと話している言葉を「自己中心的言語」と呼びました。文法や単語もまとまっていないものなので、これは、言葉を自分流に使っていて未熟だから出る言葉であり、発達にはあまり関係はない、社会化が進めば、七歳頃にはなくなるものだとしていました。

それに対して心理学者、ヴィゴツキーは、それは根本的に違っていると批判しました。先にお伝えしたように、自分の体験に言葉をていねいに添えてもらった子どもたちは、因果関係などへの理解が深まり、今度は自分の行動を自分で説明することが始まるためで、その現れだとしました。「こっちかな。うーんと、ここと、ここにつける」など、自分で声に出しながら積み木などを組み立てているのは、頭の中で行う思考を声に出すことで手伝っている、思考のための言葉の源となる重要なものだと考えました。それを「内言」と言っています。

その「内言」を「自己中心的言語」とピアジェが言ったのは、根本的に間違っているのではないかという批判をしたのですが、ヴィゴツキーはその後、三七歳で亡くなりました。後にピアジェがそれを知ったのは、彼の死後、二〇年以上後のことです。後にピアジェは

「ヴィゴツキーの述べていることは基本的に合っていると思うが、ただ子どもは社会性がまだ不十分で自己中心的だということについては、私は譲らない」と書き残しています。

ピアジェはそれ以外にも、人間の思考のしかたを数学の論理で説明しました。感覚運動期・前操作期・具体的操作期・形式的操作期の四つの段階に分け、具体的操作期には論理的思考を獲得し、具体的なものを見ながら計算などを理解することができ、形式的操作期には抽象的なイメージで操作ができるようになるとしました。

ピアジェの「発達段階」は、いくつかの細かな点については修正されつつも、いまの教育に大きな影響を残しています。

「系統性」に固執しない教育

日本では数学者の遠山啓(ひらく)（1909-1979）が作った数学教育協議会という団体が、ピアジェが書いた『数の発達心理学』や『量の発達心理学』を一九六〇年代に翻訳し、数学教育者に提供しています。それを数学教育に応用しようと考え出されたのが「水道方式」です。

たとえば、足し算について考えるとき、まず「タイル」と呼ばれる正方形のマスを並べて目に見える形で考えます。これは、ピアジェが「具体的操作期」から「形式的操作期」へと段階を追って発達していくと述べたことから、具体的な操作から形式的な操作に移していくことで、計算でつまずく子どもたちを減らしていこうという試みでした。これは実際に多くの子どもたちにとってわかりやすく、大変話題を呼び、一世を風靡(ふうび)したものです。

しばらくすると、アメリカではピアジェに依拠しない研究もたくさん出てきました。教育学者のサックスという人の論文は、ブラジルの物売りの少年についての研究でした。

ブラジルの物売りの少年たちは、毎日物を売りながら、お金の計算をしています。日本円で説明すると、たとえば、一〇〇〇円札でものを買った場合には、「これ二つで八五〇円だから、はい、お釣り一五〇円」とすぐに返し、「おじさんはそれ三つだよね。一五七〇円だ」「じゃあ二〇〇〇円」「はい、四三〇円のお釣り」とパッと返して間違えません。しかし、その子たちに学校の算数のやり方で「1000−850=」「2000−1570=」と計算させてみたら誰も計算ができないのです。

筆算で十進法を前提として教えている計算方法は、一定の子にはわかりやすいものですが、その方法を全く知らなくても、生きていくためにその子なりのやり方で、三桁以上の計算をしていたことがわかったのです。

また、フランスは十進法に二十進法が混ざっているので、引き算が特に苦手とも言われます。日本円で言うと、市場で九二円のものを買って一〇〇円玉を渡すと、すぐに八円はくれません。市場の人は、「ちょっと手を出して」と言って、「九三、九四、九五、九六、九七、九八、九九、一〇〇」と数えながら足し算をしてお釣りを返します。

人間の計算のしかたは一通りではないことがこれらの例からわかります。

これまでは、誰もが同じ順番で学び、発達していくはずだとされていましたから、どのような順番で教えるかという「系統性」が最も大事だと言われていました。しかし、系統性から外れて直感やイマジネーションから原理を発見し、新しい回路をつくっていく子どもたちも実際に存在します。学びや発達は、必ずしも同じ順番で進むものではないのかもしれません。

最近では、「系統性」に固執しすぎると、そこから外れる子どもたちの素晴らしい力を伸ばせなくなるのではないかとも考えられています。

学ぶべきはテクノロジーではなく原理

第1章の最後で少し触れましたが、現在、MITがQS世界大学ランキングで一〇年連続一位を獲得しています。二位がスタンフォード大学、三位がハーバード大学、全てアメリカの大学ですが、実はこの三つの大学には音楽学科があります。

MITでは、いますぐに役に立つような知識はほとんど教えません。テクノロジーは日進月歩。いま学んでも、社会に出ればすぐに役に立たなくなることがわかっているからです。理系の大学でありながら、文系のことをとても重視して教えています。そして、音楽も重視しているのです。

ヨーロッパでは音楽学という学問が古代ギリシアのピタゴラス（紀元前六世紀）の頃からありました。

ピタゴラスは三平方の定理（ピタゴラスの定理）など数学の定理をいくつも発見した数学者です。鍛冶屋から聞こえてきた金槌の打音がふたつ重なった時に心地よい音とそうでない音があることに気づき、それをヒントに一オクターブを数学的な比率を使って分け、人類初の音律、「ピタゴラス音律」というものを考案しました。弦の長さと周波数の関係などから算出したものです。中世まで、音楽学はただ楽しむものではなく、特に数学の対象のような学問でもありました。

古代ローマの哲学者ボエティウス（480-524）が書いた『音楽教程』によると、音楽には三つの分野がありました。宇宙や世界の秩序であるムジカ・ムンダーナ「宇宙の音楽」、人間の心身の調和やリズムであるムジカ・フマーナ「人間の音楽」、そして楽器や声を通して実際に私たちに聞こえるよう再現するムジカ・インストゥルメンターリス「器具の音楽」です。

西洋の音楽理論は数学理論と響き合うところがあります。音階やリズムと数学の解法などが生み出す心地よさや美しさ、記号化したものによりその世界を書き記す方法など、重なる部分が多い。音楽を楽しんでいるときと数学の問題を解いているとき、脳の近いところで処理されていることもわかっています。

先に、鍛冶屋の音をヒントにピタゴラスが音律を考案したとお伝えしましたが、アジアの鍛冶屋の職人から面白い話を聞いたことがあります。作業場ではトントントンという低い音やカーンカーンという高い音など、職人や叩くものによりさまざまな音やリズムが鳴り響きます。お互いの音やリズムがうまく調和しないと、同じ作業をしていてもとても疲れるそうです。身体を使う作業は、リズミカルに行うことで効率も良く疲れないという感覚は、みなさんも実際に感じたことがあるでしょう。実際の音のリズムと人間の身体のリズム、インストゥルメンターリスとフマーナが影響を与え合う。それらがさらに宇宙の摂理、ムンダーナとつながっているということです。

日本では、科学や数学などと芸術とを切り離してしまいました。学部だけでなく大学なども完全に分けて、全く異なる学問だとしています。しかし、そろそろ、全ての学問はつながっているというところに立ち返るべきではないでしょうか。MITなどのように、数学や科学を使って新しい仕事ができる人を育てるためには、音楽教育は避けられないのかもしれません。

現在、学校教育における学習理論、強化理論、系統性というのは、人間の思考能力や知識を理解する能力は、誰もが同じ段階を経て発達するものだという考えをベースにしています。

たとえば、雨がなぜ降るかについて理解をするためには、断熱膨張についてまず学び、その次に断熱膨張によって起こる上昇気流について学び、上昇気流によって雲ができ、その雲から雨が降るというように、断熱膨張や空気圧について理解しなければ雲や雨の仕組みがわからないとされています。もちろんこれは、ある程度は当てはまるところもあるのですが、このような科学的な現象について理解するときにも、イマジネーションや音楽的な理解などを組み込んでいくと、これまでにない新しい思考が生まれるのではないかと期待できます。

いまの教育は、知性を大脳新皮質の機能に限定しすぎているのではないかと私は考えています。これからの教育は、脳の内部の機能、いのちの部分にまで機能を広げなければ、人間の可能性をひき出せなくなると思っています。MITなどが実践している新しい教育などに学び、すぐに役立つような目先の知識や現行のテクノロジーを教えるのではなく、人間の深さや面白さを徹底的に体験し、とくにアートの面白さやすごさ、深さを経験的に学ぶようなものに変わっていくはずです。

本質的な構造を教える

一九五七年、旧ソビエト連邦が人類初の人工衛星スプートニク一号を打ち上げたことから、アメリカの教育は大きく変わりました。宇宙開発に先を越されたアメリカは大きなショックを受け、国をあげてソ連を追い抜かねばならないという覚悟で一九五八年に国防教育法という法律を制定します。ＮＡＳＡ（アメリカ航空宇宙局）ができたのもこの年です。

特に数学や物理などにおいて優秀な人材をどう育てていくかが重要課題になりました。一九五九年には全米科学アカデミーの呼びかけによって、ウッズ・ホールという場所でノーベル賞を受賞した学者をはじめ、数学、物理学、心理学、歴史学、教育学、生物学、医学、古典学などそれぞれの専門分野の第一人者三四人が集まり、教育改革についての会議を行っています。

ジェローム・ブルーナー（1915-2016）がその会議の議長でした。私の好きなアメリカの心理学者なのですが、彼がウッズ・ホールの会議での議論を『教育の過程』という書籍にまとめています。

その会議で大きなテーマとなったのは、「教育の構造」「教科の構造」についてでした。「教育の構造を効果的に提示し、教科の範囲とその構造に注目すること。つまり学問のもつ基本的観念を与えること」が大事だということでした。

この本の第一章「序論」では、「知的活動は、知識の最前線であろうと、第三学年の教室であろうと、どこにおいても同じものである」と記されています。また、第三章「学習のためのレディネス」の冒頭には、「どの教科でも、知的性格をそのままにたもって、発達のどの段階のどの子どもにも効果的に教えることができるという仮説からはじめることにしよう」とあります。

この書籍では、子どもでもプロの研究者でも、それぞれの本質的な構造については理解することができると述べたのですが、これまでの教育内容をそのままに、より幼い学年に教えることを勧めているかのように誤解されてしまったのです。

それから一〇年経った一九七〇年頃に作られた日本の学習指導要領では、たとえば確率について小学校で教えるようになっていました。昭和三〇年頃には大学受験に出た内容です。構造を用いて教えていけばどんなに幼くても理解できるはずだという論理ばかりが広がってしまい、いままでの普通教育のやり方をそのままに前倒しにしてしまいました。

その結果、どんどん教育内容が難しくなっていきました。そのとき日本で生まれた言葉が第2章でも述べた「新幹線授業」であり、「落ちこぼれ」です。小さな駅には止まらない。猛スピードでどんどん授業が進んでしまう。ついていけない子どもたちがたくさん生まれてしまいました。あの間違いを繰り返してはいけないのです。

実は、『教育の過程』が本当に訴えていたことは次のようなことです。

すべての科学と数学の中核をなす基礎的観念や、人生や文学を形成する基礎的テーマは、強力であるが、同時に単純なものであるということである。これらの基礎的諸観念をわがものにし、それを効果的に使用するためには、次第により複雑な形でこれらの諸観念を使えるように学習することによって、これらの諸観念の理解をたえず深めることが必要である。年少の子どもが、これらの基礎的な諸観念を自分のものにすることができないのは、方程式といったような形式化された用語で示されるか、または念を入れて言語化された概念で与えられているときだけであり、子どもが基礎的諸観念をはじめに直感的に理解せず、自分でこれらを試す機会をもたないならそうならざるを得ないのである。自然科学、数学、社会科学、文学を早い学年で教育するには、細心の知的真面目さをもち、しかも観念の直観的把握とそれの使用に重点をおいて、計画されなければならない。

（「第一章　序論」）

ここで言う「基礎的諸観念」を子どもたちが理解するためには、それぞれの発達の程度に応じて子どもたちが世界をどのように見ているかに結びつけながら、それぞれの教科の構造や原理について、子どもが興味を持って取り組めるように身近なことに引き寄せて翻訳することが大切だということです。

そのためには、翻訳する私たちも、とても高度に理解しておくことが必要になります。

しかし、それができれば、構造をシンプルに提示することができ、子どもであってもそれぞれの教科の基礎となる本質的な構造に直感的に気づき、理解することができる。そしてその後も、教科についての理解を成長とともに深めていくことができるということだったのです。

あれから半世紀以上が経ちました。ＭＩＴなどが実践している新しい教育にも見られるように、イマジネーションやひらめきなど、直感的な理解が重要であるということは、ますます注目されていくと私は考えています。そうしたことを大切にしているオルタナティブ教育と呼ばれるさまざまなタイプの学校の教育が、これからさらに重要になっていくと思われます。

lessonからstudyへ

「すぐに役に立つ知識を教えない」ということも、これからの教育において非常に大事なポイントだと私は考えています。

そう考えるとき、まず「授業」という言葉の意味について改めて捉え直したいのです。

「授業」は、もともと翻訳された言葉です。もとの言葉は二つあって、一つはlesson、もう一つはstudyです。

lessonの意味は、授業や学課のほかに、教会の用語として日課や教訓のことも指しますし、訓練を課すというような意味もあります。

一方、studyは勉強、学習、研究という名詞でもあり、研究する、調べる、観察するなどの動詞でもあります。studiumという「熱意」や「労を惜しまない努力」という意味のラテン語から派生しています。studiousになると「勉学好きな」という意味になるのですが、何か面白いものを見つけて夢中になって調べるということからstudy「研究する」という言葉になっていったのでしょう。

子どもが学ぶということは、それを知ろうと夢中になることです。そのようなときに学びは深まります。脳科学的に言うと、表面の大脳新皮質だけでなく、もっと深い、感情や生命を司る部分が全て働くことも含まれます。

「あれ、不思議だな」「どうしてだろう」「どうやったらいいんだろう」という、深く身体も反応してしまうような感情である「情動」が働くような問いを抱き、そして「え⁉」「馬鹿な！」「なるほど！」「こうやったらできるかもしれない！」というような、強い感情が動き出すことでstudyにつながる可能性が高まるのです。

子どもは柔軟

study と呼びたい印象的な出来事として、二つ例をご紹介しましょう。

一つは、一九八〇年代後半に行われた東京都のある小学校の先生の授業です。

ある日、世界の国について教える授業がありました。

「先生は外国に行ったことがないので教えられないから、教科書を読んで自習にします」と言って教室から出て行ってしまいました。子どもたちは驚いて、「どうするの？」「先生、ずるいよ。給料もらってるのに」といろいろな意見が出ます。「先生、授業に来てください」と職員室に呼びに行きますが、「言っただろう。先生はここに出てくる国に一度も行ったことがないし、テレビで見たくらいで、みんなとあまり違わないんだ。そんなことで授業なんてできないから、悪いけど自習」と断られてしまいます。

教室に戻ってみんなで相談しているうちに、ある子がこんなことを言い出しました。

「大使館って知ってる？　いろんな国が東京に大使館を置いてるって聞いたことがあるよ」

「じゃあさ、その大使館っていうところに行ってその国のことを聞いたらいいよね」

「それやってみよう！」

ここまでくると子どもたちの目が輝き出します。国の名前をそれぞれが挙げて、担当を分担しました。そして再び職員室に行きます。

「先生、大使館に行って聞いてみようっていう意見が出たから、行ってきていいですか」

「おお、それはすごいね。どうぞどうぞ。それで、先生にも教えてくれよ」

「大使館にどうやって連絡したらいいですか」

「先生は知らないよ。先生は大使館にも行ったことがないから」

「じゃあどうしようかな」

「電話帳があるよ、そこに」

そこから、子どもたちは電話帳で電話番号を調べて電話をかけて、「○○小学校の六年△組ですが、社会科の歴史でイギリスのことを知りたいので、ちょっとお話を聞きに行っていいですか」と聞いたそうです。

「行くなら、何を聞くか最初に決めていくといいね。あと、どうやって記録取るの？」

先生は最低限のアドバイスや質問をします。そしてそれぞれ子どもたちだけで準備をして大使館に出かけていきました。すると、最寄り駅の職員から電話が学校にかかってきます。

「おたくの学校の子どもたちが駅にいますけど、先生がいないので電話しました」

「うちのクラスの生徒です。行き先は知っているので大丈夫ですよ」

子どもたちは自分たちの力で取材をセッティングし、取材して、わかったことを報告し合い、それらを冊子にまとめました。


もう一つは、あるフリースクールでの話です。

ある生徒が、オーロラの写真を見ながら「オーロラのことを知りたいなあ」と言いました。もう一人が、「本当に綺麗だよな。でもこれ、本当は動いてるんだぜ。ときどき色も変わるんだって」。それを聞いてまた一人、「本当？　絶対見たい」と、オーロラを見たい生徒がどんどん増えていきました。

「どうしたらオーロラを見られるのかなあ」と考えているうちに、「寒い国に行くしかない」「アラスカに行こう！」「どうやって行くの？」「飛行機で？」と、どんどん話は進みます。

「でも、お金はどう手に入れるの？」

どうすればお金が集められるのか。みんなで知恵を絞り、バザーをやり、道端で「アラスカに行くお金を集めています」と募金を集め、とうとう八人でアラスカへ行くお金を集め、実現できたそうです。

一枚の写真をきっかけに、みんなで調べて、お金を集め、実際にオーロラを体験して、写真もたくさん撮影してくることができました。

子どもたちにとって、どちらのケースも、そのときの学び方はきっと一生残るはずです。大使館に出かけるのはまだしも、オーロラというと普通の学校では、行けるはずがないと思われるかもしれません。でも、小さなことでもいいのです。学校でできなければ家庭ででもいい。やりたいことを見つけたとき、どうすればできるかを自分たちで考えて実行することは、子どもたちにとって大きな学びになります。

熱中し没頭する時間をつくる

セヴァン・カリス＝スズキというカナダの環境活動家がいます。一九九二年、ブラジルのリオデジャネイロで行われた地球サミットに一二歳で参加し、子どもの視点から環境について感動的なスピーチを残した女性です。

父は日系カナダ人の遺伝学者で環境活動家のデヴィッド・スズキ。アマゾンのジャングルの環境が破壊されているということで、セヴァンは幼い頃、父親に連れられてアマゾンに行きました。そのとき、夜の飛行機の中からアマゾンのジャングルがあちこち焼畑農業で燃やされているのを見ます。アマゾンは雨が多く、焼畑にしたところの土は全て流され、あとは砂漠になり木が生えてこないことを知りました。

彼女はその後、九歳のときに友達とＥＣＯ（Environmental Children's Organization）という小さな環境学習グループを立ち上げ、環境問題について学び始めました。一二歳の頃、リオデジャネイロの地球サミットに自分たちでお金を貯めて参加しますが、発言の機会が与えられていたわけではありませんでした。

「私たちにも子どもの視点から発言させてほしい」と何度も粘り強く交渉をして、六分間だけ時間をもらうことができ、最終日にスピーチをしたのです。彼女のスピーチは、そのサミットの中で最も感動を与えるものだったと世界中で話題になりました。

その様子は、『あなたが世界を変える日 12歳の少女が環境サミットで語った伝説のスピーチ』（学陽書房）という本にもまとめられています。

大人はどこかで、「子どもだからそんなことはできない」「子どもだからまだやるべきではない」と子どもの可能性を見くびっているところがあります。しかし、子どもたちは、大人にもできないことができる可能性を秘めています。体験を通して何かを知ることで、居ても立ってもいられなくなる行動力を持っているのです。

「子どもたちが没頭する、熱中する時間をつくる」ことが、本当に子どもたちに必要な授業であり、教育です。教育のイメージをこのように切り替えると、「授業」と呼ぶのはちょっとおかしい。

日本では、国が組み立てた内容を、教育関係者が具体的な教材にします。その教材や教科書を使いどう教えるかを考えるのが教師です。つまり、教師は教え方のプロであり、教える中身についてはこれまであまり絡んできませんでした。そういう点にも考慮し、学びを活性化させるための方法を柔軟に、大胆に考えていく必要があると思います。

二〇世紀型のこれまでの教育は、子どもたちが黒板に向かって並んで座り、先生が情報を提供してくれる人という限定された条件の上でのトーク&チョーク方式の教育でした。いまはICT化も進み、たくさんの情報をインターネットから拾うこともできるようになりました。地球の反対側の子どもたちと映像をつなげることもできます。

いま、学校の授業にうんざりしている子どもたちが「これは面白い、すごい!」と感じ、没頭し、熱中するような本物性、そういうものを学校が用意する素地はできています。

本物性とは何でしょうか。それはやはり、子どもたちの心の深いところが動くことです。

小さなことでもいい。そこに何か大事な真実があれば、子どもたちは感動します。

社会のどうでもいい論理でまだ汚されていない子どもたちには大きな可能性があります。子どもたちのことを「まだ何もわかっていない」と言う人もいますが、大人のつくった本来は必要のない知識に汚されていない子どもたちだからこそ、心を揺さぶるような授業をしなければ、子どもの可能性を引き出す教育にはならないのです。

「子どもはこうだ」と勝手に解釈して、失敗しないように先に手を打ってしまうのではなく、子どもたちの可能性をリスペクトして、教師や親が必死になって、子どもたちがあっと驚くことを用意してあげてほしい。

そのときの子どもの内面の反応についても「きっとこうに違いない」などと下手に推測することなく、ただ、子どもたちが感動し、面白がっている、その事実に謙虚であればいいと思います。評価したり価値づけをしたりするというのは、本来はこういう態度のことを言います。アセスメントです。そして、「子どもって面白いな」と思い続けていることが、子どもの教育を支える教師の仕事であり、親の役目なのです。

第6章

「学び」は続くよ、どこまでも

全ては仮説に過ぎない

この本も終わりに近づいてきました。

最終章の冒頭に、ここまで触れてきたことを振り返りつつ、心にとめておきたい大切なことについて押さえておきましょう。

少し考えれば当然のことなのですが、語義の世界、つまり客観的な知識は、時代とともに変わり続けています。現時点では正しいと思えるものでも、後に覆されることがよくあります。

たとえば、みなさんの世代あたりまでは、鎌倉幕府の成立は、一一九二年と習ったのではないでしょうか。中学校や高校の日本史の教科書にはそのように記載されていました。しかしいまでは、鎌倉幕府成立は一一八五年とされています。語呂合わせも、「イイクニつくろう鎌倉幕府」から「イイハコつくろう鎌倉幕府」に変わっているそうです。

源頼朝の命を受けた源義経が壇ノ浦の戦いで平家を滅ぼしたのが一一八五年。頼朝が征夷大将軍に任命されたのは一一九二年ですが、壇ノ浦の戦いの勝利後、その年から頼朝が合法的に統治を始めたということで鎌倉幕府の実質的な成立は一一八五年ではないかと言われるようになりました。そのほかにもさまざまな説があり、今後もまた変わる可能性があります。また歴史的な資料が発見されると、歴史は更新されていきます。

長年、織田信長を家臣の明智光秀が殺したとされていた本能寺の変についても、光秀は本能寺に行かずに部下が信長を追い詰めたと記録された文書が二〇二一年に見つかり、このほうが史実に近いのではないかともされています。また、織田信長の人物像も、研究が進むほどにさまざまなイメージに変化しています。常識はずれで短気で残虐な、冷酷な人間とされていたのですが、非常に保守的であったという研究もあるのです。

かつては江戸時代には士農工商という厳密な身分制度があったと教科書に載っていましたが、二〇〇〇年頃から教科書に掲載されることはなくなりました。身分ではなく職能分担をあらわしていたにすぎず、武士身分はお金でも買えたことなどがわかってきたのです。

要するに、いま学校で習っていることが、この先も常に正しいとは限らないのです。

また、科学も同様です。天動説と地動説がその最たるものです。イタリアの天文学者であるガリレオ・ガリレイ（1564-1642）は、当時、地動説がカトリックの信仰に反するとされ有罪となり、教会は地動説を撤回させていましたが、ガリレオの死から三五〇年経った一九九二年、ローマ教皇のヨハネ・パウロ二世がそれは間違いだったと公式に発表し、謝罪しました。

時代が変わり、宗教や国の方針が変われば、「正解」は変わります。そのように色眼鏡を外して見られるようになっていくことが、もし言えるとすると人間の「進歩」なのです。

科学に絶対的真理というものはありません。一〇〇年、二〇〇年という単位で見れば、どんどん新しい説が発見される。全ては、ひとまず合理的に説明している仮説に過ぎないのです。

どんなに新しい知識も、科学的に正しいと思われていることも、全て「へえ、いまは、そういうふうに説明されているんだね」と受けとめることができれば、学びはもっと楽しくなります。

子どもたちが学ぶことを楽しみ、自ら学び続ける環境をつくるために常に意識しておきたいことです。

語義の世界を超える「学び」を

「学び」には、その語義をそのまま信じ込むのではなく、自分自身が「ちょっとそれは違うんじゃないかな」と感じた時に、疑問について考え続け、自分の意味の世界によって語義を変えていくことも含まれます。

たとえば、先程も述べたようにアイザック・ニュートン（1642-1727）は人類で初めて、離れているものどうしも力を及ぼし合っているという「万有引力の法則」を編み出しました。地球上に限らず、宇宙では全ての物体は力を及ぼし合っている。そして、その「引力は距離の二乗に反比例し、お互いの質量の積に比例する」という法則です。

ところが、アルベルト・アインシュタイン（1879-1955）はその説に疑いを持ちました。「たとえばこの宇宙の何もないように見えるところにも何かがあるとしたら、どうだろう」と考えました。月と地球の間にも何か見えないものがあるとしたら……。たとえば、宇宙の空間に布のようなものがあるとしたらどうでしょう。伸縮性のある布をピンと張ったところにボールを落とすと、ボールが落ちたところの布がグーッとたわみます。それと同じように、時間が伸びたり縮んだりすることがあるのではないかという仮説を考えついたのです。そのようにして相対性理論をつくっていきました。空間も時間も長くなったり短くなったりする、というのです。

学校で教えられた正解に対して、何の疑問も持たずにただそのまま覚えるだけでは、「学び」は促進されません。もともとあった仮説に対して、「ちょっと違う」と感じたら、

「それはなぜか」と考え続け、自分なりに納得のいく意味の世界をつくり出していくことで、新しい仮説ができる。それが「学び」の大事な要素です。

もちろん、そうして自分なりに考え続けることができる人は、覚え方も上手だということは言えるかもしれません。しかし、ただ丸暗記しているわけではなく、きっと、いま学んでいる語義や仮説はなぜ生まれたのか、なぜそのような説明でみんなが納得するのかまで考えているはずです。そして、いままでの説明で足りないところはどのように整合性をつけるのかを考え、新しい仮説を作り上げるのです。

こうして考え続ける人間は、自分にとっての意味の世界によって、語義の世界を超えようとしていると言えます。そのような態度を持つ人は、語義を変えていくことができます。

「1+1=2」を疑う

「1+1」は本当に「2」なのか。「+」ってどういうことなんだろう。

このように、これは疑いようがないだろうというところまで全て疑ってみてほしい。

たとえば、純粋な水と純粋なアルコールを足すとします。水が五〇〇ミリリットル、アルコールが五〇〇ミリリットルあるとき、一つの大きな器に一緒に入れて振ると、アルコール水ができます。蒸発しないように作業をしたら総量はどうなるでしょうか。ほとんどの人は一リットルと答えますが、実際に測ってみると数ミリリットル少なくなります。それぞれの分子の大きさが異なり、大きな分子のすき間に小さな分子が入り込むためです。「1＋1＝2」になる世界は、現実には極めて少ないのです。

キリン一頭と鉛筆一本を足してくださいと言われたらみなさんはどのように足しますか。

動物と鉛筆は足せないのか。同じ仲間同士でなければ足せないのだろうか。どこまでが同じ仲間なのか。足すことは仲間を増やすことなのだろうか。小さな子どもは、みんな仲間だと思っているから、キリンと鉛筆を足せるかもしれない。もしかしたら、子どもの考え方のほうが思想としては優れているのかもしれない。人間は足せるものを限定することで、苦しんでいるのかもしれない……。

そのように考え続けると、「1＋1＝2」ということから、一年がかりでさまざまな授業ができそうです。同じように、「0」について、みなさんは考えたことはありますか。「0」ゼロは、何もないこと。宇宙はゼロだろうか。いや、星があるからゼロではない。星と星の間はゼロかな。何もないってどういう意味だろう。ゼロという数字を書くと、そこに何かがあることになってしまう。無の世界を書くにはどうすればいいんだろう。

般若心経の中にある、「色即是空　空即是色」は、「色すなわちこれ空なり、空すなわちこれ色なり」ということです。「色」は、満ち満ちているさま。「空」は何もないさま。「満ち満ちているということは、すなわち何もないことである。何もないということは、すなわち全てが満ちていることである」。このように宇宙を見たら、宇宙の星以外の空間の中には何もないように見えるけれども、宇宙には全てがあるとも言えるだろうか。「0」は、哲学的には全てが満ち足りていることなのか。私たちが死んで何もない世界に入っていくことは、満ち足りた世界に入っていくことなのか。

これから先、何が起こるかわからない世界を生きる子どもたちも、このように「自分なりに考える」という態度を持つことで、世界がはるかに豊かに見えるはずです。

学びが起こるきっかけとなる「問い」に寄り添う

学びが起こるきっかけは、問いです。

「あれ？　どうしてだろう？」「なんでそうなるの？」と子どもが問いを持ったとき、そばにいる大人が、「面倒だな。そんなこと気にしなくていいんだよ」と思って問いを持つことを否定してしまうか、「すごいところに気がついたね。本当に不思議だね」と思って寄り添うかで、子どもたちの興味や関心は変わっていきます。

ある女の子が、一年生の算数の授業で面白い質問をしたことがありました。問題は次のようなものでした。

「Aちゃんは飴玉を五個持っていました。そこにお母さんが何個か飴玉をくれたので、いま、一三個ありますってね。お母さんは何個くれたのでしょうか」

正解は、「13－5＝8」。答えは八個です。

「くれた」という足し算を、式を立てるときに引き算にして考えなければならない問題です。

でも「先生、この問題、おかしい」と、ある女の子は言いました。

「お母さんが飴玉を八個なんてくれるわけないもん。うちは一個しかくれないよ」

この子の場合には、まずこの問題の設定自体に疑問を抱いています。このように、その子の世界で起こることとのズレは、教科に対する興味に大きく影響します。

その子が素直に抱いた問いに対して、「これは算数の世界だから、これでいいの」と言われてしまったとしたら、その子は、「学問の世界は、現実にはありえない世界のことを考えること」と捉え、そこで魅力を感じなくなるかもしれません。

自分に全く関係のないことを数字だけで教えられ、自分なりの疑問や考えを止められると、きっと興味がなくなってしまうでしょう。それよりも、子どもたちの実際の生活の中にある算数を探したほうが、子どもたちはより興味を持つことができるはずです。

子どもに主体的に学んでほしいと思うなら、算数や数学を、現実の生活の中に見つけていくことが必要です。

日常の世界の中で、子どもたちはさまざまなことに疑問を持っています。

「なんでアリさんは一列に歩くんだろう」

「なんでお空は青いんだろう」

子どもたちの疑問に対して、「大人には思いつかない疑問だな」「すごいなあ」と私たち大人が思えるかどうか。ここが教育のスタート地点になるのです。

「子ども主体の保育」や「子ども主体の教育」ということがよく言われるのですが、私は、子どもだけが主体になったとしても、いい教育にはならないと考えています。

子どもたち一人ひとりが抱いた疑問を出し合って、共有し、みんなで話し合う。その中で、みんなが一番興味を持ったことについて、一緒に考え、調べる。

　そのとき、疑問を持った子どもたちに先生も感動しながら、「そういえば、改めて考えたらなぜだろう。不思議だな」と疑問を持ち、一緒に考え、調べ、学んでいく。先生自身が、疑問を持った子どもたちをサポートする面白さを感じているかどうかで、子どもたちが本当に納得できるところまでたどり着くかどうかが変わります。その姿勢こそ教師や保育者の主体性です。

　つまり、子どもに対する理解も含め、先生の中にも貪欲に学ぶ姿勢が必要なのです。子どもたちの主体性と、先生の主体性が複雑に絡まり合って、学びは促進していきます。

　親の場合も全く同じです。子どもを育てたい、よい教育をしたいと思うなら、子どもの抱く疑問や子どもの考えに興味を持ち、面白がりながら、自分自身も改めて問いを立てて考えたり調べたりすることです。子どもはその姿を見て、親の世代を乗り越えていくのだと思います。

学びの個別化と共同化

そして、「問い」が生まれるのは、その対象について関心があることが前提となります。学校では、子どもたち一人ひとりの「もっとこれについて勉強したい」「こういうことができるようになりたい」という思いを形にできる時間が必要です。

それと同時に、自分が学んだことを他者に伝え、他者からの疑問に答え、他者の学びを聞いて面白そうだなと興味の世界を広げる時間も必要です。子どもたちが何か疑問を持ったときに語り合うこと。そして、その疑問について「面白いことを考えているね」と受け止め合うことが、これからの教育の場には欠かせません。

つまり学びの個別化と学びの共同化の原理が組み込まれていることが望ましいのです。

文部科学省の中央教育審議会も、「二〇二〇年代を通じて実現すべき『令和の日本型学校教育』の姿」（二〇二一）として、個別最適な学び（個に応じた指導）、協働的な学び（多様な他者と協働する学び）を答申に挙げています。

トーク&チョーク方式で先生が説明する授業が全く必要ないとは思いません。従来のような授業も行いながら、それとは別に、質のよい教材や問題集、テキストや実験材料などから自分に合うもの、自分がやりたいことを選んで自分で取り組むことができる時間を確保する。それを調べられるだけの資料やテキストが教室に用意されていることが、理想的な環境だと思います。タブレットなどが一人一台配布されましたから、その端末からアクセスできるように用意しておくことでもいいでしょう。

たとえばモンテッソーリ教育の小学校では、「人間はどのように進化してきたか」について必ず勉強します。教室には、ホモ・エレクトスやホモ・ハビリスなどの資料がたくさん用意されています。子どもたちは自分で興味を持って学び、「ホモ・エレクトスにはこんな特徴がある」「ここでホモ・サピエンスが出てきたんだよね」などと学びながら、各自が学んだことを発表して共有します。宇宙についても同様に学び、時間や空間の中で、人間はどのような存在なのかを一人ひとりが自ら学んでいくのです。

系統的に教えられることがなくても、子どもたちがワイワイ言いながら、自分が興味のあるところから調べ、その結果を発表して共有する、共同化することを繰り返すうちに、必要なことを学べるようになるのです。

このような授業の形式であれば、個別化も共同化も、同学年である必要はありません。同学年でのクラス編成が一般的になっていますが、これは実は人間の社会から見ると非常に特殊な分け方です。

現在の学校が学年で分けられ、教科によっては習熟度別に分けられている一番の理由は、先生が教えやすいという理由です。教えることを中心にクラスを編成すると、理解力が似通っている子どもたちをまとめたほうが効率的に教えられます。

そしてもう一つ、競争させやすいという理由もあります。同じ力を持っているはずだという前提で、競争をさせる意図もあるのでしょう。

しかし社会には、同じ年齢の人だけが集団をつくっていることはありません。家族も、会社も、地域社会も、多様な年代の人たちが一緒に暮らしているのです。人間の集団は本来、年齢の幅がかなりあるものですから、人工的につくった学校集団の学年は特殊な集団だと言えます。

たとえば小学校で、一、二、三年生を同じクラス、四、五、六年生を同じクラスにするとどうでしょうか。

勉強でも遊びでも、そこではさまざまな関係が生まれます。同じクラスの友達は競争相手ではなくなり、年上の子は年下の子に対して教え、配慮をし、年下の子は教えられ、憧れを持つことができます。ときには逆もあるかもしれません。自分が人の役に立つこと、感謝すること、感謝されること。異年齢の集団の中では、そのような斜めの関係が多様に生まれます。そのような関係の中での子どもたちの心の育ちや学びを促進する力は、同年齢の均一なクラスと比べ、とても大きくなるはずです。

先生が黒板の前に立って説明することなく、基本的にはこのような学習の個別化と集団化の原理で学校を作っているオルタナティブな学校もあります。もちろん、どうしても知っておいてほしいことについては、先生が面白おかしく授業をする時間もあるといいでしょう。シュタイナー学校などでは、どちらも大事にしています。

これからは、学校というもののイメージを「こうでなければならない」というものに固定せず、子どもを見ながら柔軟に変えていくこと、子どもたちが自分に合う教育の場を選べるようになることも考えていかねばなりません。

いま、生産力を上げる競争をし、環境資源を破壊して、大きな問題をいくつも生み出してしまった二〇世紀のツケがあちこちに表出しています。いまある「正解」に疑問を持ち、考え続けることができる子どもたちを育てることができれば、彼らが大人になった頃、つまり、二一世紀の中盤に差しかかると、いままでのやり方を大きく変えられる若い世代が間違いなく出てくると期待しています。

地球の裏側の情報も簡単に手に入る時代になったいま、子どもたちを地球全体の市民だと考えて教育を行わなければなりません。グローバル・シチズンシップ・エデュケーションの時代に突入しました。その一方で、小さなコミュニティをつくり直すことも必要です。

若者たちはすでに動き出し、コミュニティづくりを進めています。

いま学校で教育を受けている子どもたちは、親の世代の感覚ではなく、すでに動き始めているZ世代（一九九〇年代〜二〇一二年頃に生まれたデジタルネイティブの世代）の感覚をさらに進めていかなければなりません。親世代は、自分たちの下の世代から学ばなければならないのです。

教育は、「試され済みのことを教える」とよく言いますが、それは一つの側面に過ぎません。これからの時代を担う子どもたちを育てるためには、いまの時代より一歩先のことを体験させる必要があります。「試され済み」にこだわってしまうと、一世代前のことを教えることになり、子どもたちが求めている学びとのギャップが開いていきかねません。「試され済み」や「正解」にこだわらず、正解がない中で「自分なりの解」をつくることの楽しさや面白さをたくさん体験させるにはどうすればいいかを考えることが、学校の役割なのだと思います。

午前中で終わる学校

私は午前中で終わる学校を提唱しています。午前中は国や自治体のカリキュラムで学び、午後は子どもたちが自分でカリキュラムを作って、学びたいことを学んでいくというシステムです。

いつの時代にも、読み書きできる力や、生活の上で必要な計算などは欠かせません。文章を読んで理解する力もつけなければなりません。生きていく上で必要な学びは午前中に行い、午後は、これから自分はどうやって生きていけば自分らしく生きられるかを見つけるための時間、自分のやりたいことを中心にやる時間にすることを提案したいと思います。

いまでは、放課後、異年齢の子どもたちが地域で群れて遊ぶことや、子どもたちが家の仕事を手伝うことはほぼなくなりました。そのような体験は、学校で手にした知識と社会で生きていく力を結びつける大切なものでした。

クリック一つでなんでも手に入る時代、話しかけるだけでなんでも検索できる時代です。ＡＩ時代が進めば進むほど、人間にしかできないことが重宝されるようになっていきます。

地域の人たちが講師になって、幅広い世代の多様な人たちが学校に入り、手仕事や伝統芸能、洗練された質の高い職人文化などを伝える時間、自分で作る楽しさを体験できる時間を確保することもまた、これからの学校教育の担う役割となるでしょう。学校を解体しながら再生させていくイメージが必要です。

また、学びには正解はないとお伝えしましたが、当面どうするかを考えるためには、「適切解」を導き出さなければなりません。そのためには、徹底した討論をすることも大事にしなければなりません。正解がない問いに対しては、アイデアを出し合うしかありません。一人で考えるだけでなく、一人のアイデアをみんなで吟味し、みんなで議論すること、人の意見をしっかり聞き、人の意見と照らし合わせて、自分の意見を伝える。そういうことがますます大事になっていきます。

これまでの人類の歴史の中で、経験したことのない問題に関しては、答えはその都度、自分たちで考えていくしかありません。私はそうしたことのできる力を「デザイン力」と呼びたいと思っています。社会と対話しながら、解につながるアイデアを見つけていく、これがデザイン力です。デザイン力に対応するもう一つの力は「アート力」。これは自分の感情をうまく形にしていく力で、自分との対話から生まれます。このデザイン力とアート力をセットにした力をこれからの問題解決力と言うとすると、それが可能になる学びは、前に触れた「深い学び」の一つになるのだと思います。

子ども同士での議論、世代を超えての議論、価値観や文化の違う人たちとコミュニケーションをとる経験もしておかなければなりません。多様な人たちが話し合いながら、これまでになかった新しいアイデアを創り出すことが、これからの人間には欠かせないのです。

学びの場は学校だけではない

子どもたちの学びをさまざまにサポートしていく場の代表例は、もちろん学校でしょう。しかし、学びの場は学校のみに限定されているわけではありません。

第1章でも触れたように、幸せに生きるためには、一度しかない人生を、どうやって生きていけば自分らしく生きられるのかを見つけなければならない。人生において何かを選ぶということは、あったかもしれない他の可能性を捨てるということです。死ぬまで、「もっと違う生き方もあったかもしれない」と悩むこともあるでしょう。

だからこそ、子どもたちには、できるだけたくさんの面白い文化、優れた文化、その時代を象徴しているような文化、歴史の中で試されてきたような文化、いろんなものと出合ってほしい。その機会は、学校の中だけでは十分ではないと思います。

「教育＝学校の授業」ではありません。

みなさんが学生時代を振り返って心に残っているのはどんなことでしょうか。その後の人生に影響を与えているのはどんなことでしょうか。

人生を思い返した時、残念ながら具体的な「授業」が思い浮かぶ方はあまりいないのではないかと思います。

面白い先生との出会い、友人と過ごした時間、いつも声をかけてくれた近所のお店の面白いおばさん、自分が興味を持っていた音楽について教えてくれた少し年上のお兄さん。そのような人たちとの出会いや、出会った人を通しての文化との出合いが、人生に何かしらの影響を与えていると思います。いつもの授業から脱線して話してくれた面白い映画のストーリーが人生の選択に影響していることもあるでしょう。

中でも特に強い影響を与えるのは、職人的な仕事をしている人ではないでしょうか。子どもには真似のできないような、想像もできないような圧倒的な仕事や作品に触れたとき、子どもたちは大きな衝撃を受けることが多いのです。

文化を大事に守り継いでいる人たちに、できるだけ多く出合わせることも、子どもに大きな影響を与える教育の一つです。それは伝統文化に限りません。いまなら、アニメーションの世界やプログラミングの世界と本当に深く出合うことで子どもの人生が変わるかもしれません。最先端でいい仕事をしている人と出会うことは、子どもたちの人生にさまざまな選択肢を増やすことにつながります。

小学六年生のときに、大好きなおばあちゃんをガンで亡くした男の子がいました。おばあちゃんが亡くなったことに大きなショックを受けていましたが、そのときに彼は「医者になる」と言い始めました。保健の授業を一生懸命聞くようになり、その授業で聞いたことを自分で紙芝居にまとめて書くようになりました。

「先生、こんな紙芝居作ったよ。一年生に、これ読んであげていい？」

自分が学んだ保健の知識を学校の一年生に一生懸命教えてあげるようになったそうです。生活の中での体験には、「こんなことをして生きていきたい」と思うようになるきっかけがたくさんあります。その子の場合には、おばあちゃんの死と、医者という仕事との出合い、そしてその保健の授業も彼の興味に応えてくれるいい授業だったことから、全てが絡まり合ってそのような行動に至ったのだと思います。子どもが思い立って行動をした時、その発表の場を用意してあげることも教育の役目です。

そう考えると「校舎があり、校庭があるところだけが学校」ではなくなります。多様な人と出会え、すぐれた文化と出合えるコミュニティさえあれば、そこが学校となる、そのような考えもすぐ浮かびあがります。

教師ではない人から学ぶ

学校にいる大人は教師だけです。この世の中にたくさんある仕事や生き方を知るには、小学校や中学校の先生の授業だけでなく、考古学の研究をしている人、地域に住んでいる画家など、さまざまな職業の人に話を聞く機会もつくってほしいと願います。

私の知り合いの教師が、ある時、そのことに気がつきました。

「子どもたちを本当に感動させるのは、教師には無理だ」

そう考え、担任していたクラスの保護者に一人ずつ授業をお願いするようになったと教えてくれました。三〇人子どもがいれば、単純に計算しても三〇通りの職業や専門性を持つ保護者がいるわけです。

「ご自身のお仕事の体験から子どもたちに伝えたいことを、授業していただきたいのです」と依頼したそうです。

弁護士さんの裁判の話、印刷会社に勤めている人の本ができるまでの話。そば屋さんは子どもたちと一緒にそばを作ったそうです。スーパーのレジ担当の人の仕事にもさまざまな工夫や苦労があります。料理が大好きなおばあちゃんが料理を教えてくれるのもとても楽しい経験になります。デザイナーや、美容師さんなどもいるかもしれません。

さまざまな仕事をしている方に出会い、話を聞くことで、子どもたちは自分の興味や可能性をどんどん広げていくことができます。

愛知県では、中小企業の会社が横につながって、高校に出前授業をしているところもあります。生徒たちに専門性の面白さを伝えることで、会社も中小企業に就職する人材を得たいと考えているのです。

学びの場はもっと開かれていく必要があります。学校に閉じ込められ、知識を一方的に与えられるのではなく、学校が地域に場を開き、学校にいろんな人が出入りするフレキシビリティが、これからの子どもたちにとって大事になっていくはずです。

学校を地域に開く

閉じられた集団の中では、力関係が硬直化し、忖度やいじめなども増えてしまいます。それを打ち破っていくためにも、学校を地域に開くことは有効でしょう。

現在、地域の子どもに無料または数百円で食事を提供する「子ども食堂」が、全国に五〇〇〇か所以上となりました（二〇二〇年）。子ども食堂は、食事を提供するだけでなく、子どもたちの居場所にもなっています。

いまはまだ、月に一度、週に一度の開催しかできていないところも多いのですが、たとえば小学校などで定期的に開催し、その地域の赤ちゃんからお年寄りまでが自由に集える場になっていけば、その閉じられた関係性は大きく変わっていくはずです。小学校は全国におよそ二万校あります。子ども食堂が四倍に増え、地域ごとにコミュニティができていけば、社会も大きく変わっていくはずです。

地域のために役に立ちたいと考えている人はたくさんいます。子どもが手を離れたお父さん、お母さんが中心になって運営し、普段はなかなか出会うことのない大学生が手伝いにきて一緒に遊んでくれる。近所に住んでいる一人暮らしのおじいちゃんやおばあちゃんも子どもたちの声を聞きながら食事ができます。

それぞれの人が自分の得意なことや昔の手遊びなどで子どもたちと一緒に遊び、食事の前後に学習支援もできれば最高です。幼い子の子育てで孤立している世代も、地域に心強いつながりを持つことができ、ひととき子どもを見てもらうだけでもほっと息をつくことができるようになります。

おじいちゃんおばあちゃんとおしゃべりすることで子どもたちも誰かのために役立つことができます。会社帰りの大人たちもふらりと顔を出して、普段は出会わない世代との交流を持つことができるかもしれません。年老いていくことを身近に知ることも、人生のモデルと出会うこともあるでしょう。お互いに誰かの役に立てる場ができれば、それは生きがいとなり、社会の人間関係を学ぶ大切な場にもなっていくはずです。

条件は、ルールがないゆるいつながりであることです。行きたいときだけ行けばいい。嫌な人と無理に関係をつくる必要はありません。

つまり、忖度しなくてもいいつながりを地域や学校に取り戻すことが必要だと思っています。学校が管理社会の極みになってしまったいま、その学校の中に学校とは違う異空間を作るのです。

現代人が抱え込んだ難題の一つは、自分をさらけ出しても文句を言われないような、安心できる場がないことです。ルールのない安心できる場で、お互いにお互いを配慮して、一緒に居心地のいい場所をつくる。そういう場所を取り戻していく必要があると思います。ゆるやかな温かいつながりの場があると、人間はどんなときもなんとかやっていけるのではないかと思います。それがうまく機能していくと、地域の人たちから少しずつ子どもたちのためになる新しいアイデアも出てくるはずです。それはきっと、地域の特性によって多様なアイデアになるでしょう。

これからの教育を考えるとき、子どもたちの心と身体をつくる場を整えることが必須です。多様な人たちと出会う場は、学びのきっかけの宝庫です。もちろん、学校だけが主体となってできることではありませんから、学校が地域に開かれながら、地域に支えられていく関係性を、地域の人たちが中心となってつくり上げていく必要があるでしょう。

また、現在はほとんどの子ども食堂がボランティアで運営されていますが、持続可能なものにしていくためには、地域経済の循環にも一役買うような仕組みをつくっていくことも考えるといいと思います。

学校ごとに地域の人たちが特色を出して運営する子ども食堂は、グローバル・シチズンシップ・エデュケーションと、小さなコミュニティづくりの可能性をひらく、一つの拠点になりうるはずです。

変えるために一歩踏み出す

「学び」とは、脳の中に情報処理の回路が新しくできること。

「教育」とは、子どもたちが没頭する、熱中する時間をつくること。

このことを念頭に置いて、学びの場を、どうつくり直していくのかを考え、市民である私たちも行動に移すべきときが来ています。

学校や教師だけでなく、親や地域の人たちが、子どもたちのために何ができるのか。子どもたちの「自分の自己実現」と「社会の自己実現」をどのように考え、どのように見守っていくのか。

この「問い」に正解はありません。

さて、あなたにとっての「学び」や「教育」の意味 sense は変わったでしょうか。

この本で手にした新しい情報処理の回路を使って、地域の人たちと語り合いながら、学ぶ姿、行動する姿を子どもたちに見せていただけることを願っています。

参考文献一覧

書籍

汐見稔幸『さあ、子どもたちの「未来」を話しませんか』小学館、二〇一七年
汐見稔幸『人生を豊かにする学び方』ちくまプリマー新書、二〇一七年
汐見稔幸『「天才」は学校で育たない』ポプラ新書、二〇一七年
汐見稔幸『本当は怖い小学一年生』ポプラ新書、二〇一三年
伊藤秀夫編著『義務教育の理論』第一法規出版、一九六八年
レフ・セミョノヴィチ・ヴィゴツキー『思考と言語　新訳版』柴田義松訳、新読書社、二〇〇一年
サリー・ウォード『0〜4歳　わが子の発達に合わせた1日30分間「語りかけ」育児』槙朝子訳、小学館、二〇〇一年
内田義彦『読書と社会科学』岩波新書、一九八五年
大田堯『学力とはなにか』国土社、一九九〇年
セヴァン・カリス＝スズキ『あなたが世界を変える日――12歳の少女が環境サミットで語った伝説のスピーチ』ナマケモノ倶楽部編訳、学陽書房、二〇〇三年
斎藤学『アダルト・チルドレンと家族――心のなかの子どもを癒す』学陽書房、一九九六年
ダナ・サスキンド『3000万語の格差――赤ちゃんの脳をつくる、親と保育者の話しかけ』掛札逸美訳、高山静子解説、明石書店、二〇一八年

佐藤学『第四次産業革命と教育の未来――ポストコロナ時代のICT教育』岩波ブックレット、二〇二一年
ショーペンハウアー『読書について』鈴木芳子訳、光文社古典新訳文庫、二〇一三年
白井俊『OECD Education2030プロジェクトが描く教育の未来――エージェンシー、資質・能力とカリキュラム』ミネルヴァ書房、二〇二〇年
C・P・スノー『二つの文化と科学革命　新装版』松井巻之助訳、みすず書房、二〇一一年
橘由子『子どもに手を上げたくなるとき――子育てに悩むママたちへ』学陽書房（女性文庫）、一九九五年
橘由子『アダルトチルドレン・マザー――「よい母」があぶない』学陽書房、一九九六年
戸坂潤『戸坂潤全集』第一巻・第三巻、勁草書房、一九六六年
奈須正裕『「資質・能力」と学びのメカニズム』東洋館出版社、二〇一七年
バーンスティン『〈教育〉の社会学理論――象徴統制、〈教育〉の言説、アイデンティティ　新装版』久冨善之ほか訳、法政大学出版局、二〇一一年
バーンスティン『教育伝達の社会学――開かれた学校とは』萩原元昭編訳、明治図書出版、一九八五年
プラトン『ソクラテスの弁明・クリトン』三嶋輝夫・田中亨英訳、講談社学術文庫、一九九八年
プラトン『パイドロス』藤沢令夫訳、岩波文庫、一九六七年
J・S・ブルーナー『教育の課程』鈴木祥蔵、佐藤三郎訳、岩波書店、一九六三年
F・フレーベル『人間の教育』（上・下）荒井武訳、岩波文庫、一九六四年
前田愛『近代読者の成立』岩波現代文庫、二〇〇一年

M・マクルーハン『グーテンベルクの銀河系――活字人間の形成』森常治訳、みすず書房、一九八六年
松下佳代・京都大学高等教育研究開発推進センター編著『ディープ・アクティブラーニング』勁草書房、二〇一五年
J・S・ミル『自由論』塩尻公明・木村健康訳、岩波文庫、一九七一年
J・S・ミル『ミル自伝』村井章子訳、みすず書房、二〇〇八年
ハンス・ヨナス『責任という原理――科学技術文明のための倫理学の試み』加藤尚武訳、東信堂、二〇〇〇年

雑誌

「エデュカーレ」二〇一六年九月号、二〇二〇年五月号

論文

汐見稔幸「子どもの生活時間・空間の諸相」(『保育学研究』第46巻第1号)二〇〇八年
汐見稔幸「夏のシンポジウム　ありのままの自分を見つめて」(『早期発達支援研究』第四巻)二〇二〇年
今井康晴「ブルーナーにおける構造論に関する一考察――『社会科』を中心として」(広島大学大学院教育学研究科学習開発学講座「学習開発学研究」1号)二〇〇七年九月
小林好和「教育における人間発達と学習研究の展望と課題」(『札幌学院大学人文学会紀要』第60号)一

九九七年三月
佐藤洋一「教養の系譜――共通教育の展開に向けて」（愛知教育大学「教養と教育」創刊号）二〇〇一年三月
中西仁「永田時雄・『西陣織』再考」（「立命館産業社会論集」）二〇一三年一二月号
日本学術会議　提言「社会のための学術としての『知の統合』――その具現に向けて」二〇一一年八月一九日
吉田直哉「B・バーンスティンの『教育コード』理論の形成過程――1970年前後の転回に着目して」（「東京大学大学院教育学研究科　基礎教育学研究室　研究室紀要」第38号）二〇一二年六月

編集協力　太田美由紀

河出新書 035

教えから学びへ
教育にとって一番大切なこと

二〇二一年七月三〇日 初版発行
二〇二四年五月三〇日 5刷発行

著者 汐見稔幸
発行者 小野寺優
発行所 株式会社河出書房新社
〒一六二-八五四四 東京都新宿区東五軒町二-一三
電話 〇三-三四〇四-一二〇一［営業］／〇三-三四〇四-八六一一［編集］
https://www.kawade.co.jp/
マーク tupera tupera
装幀 木庭貴信（オクターヴ）
印刷・製本 中央精版印刷株式会社
Printed in Japan ISBN978-4-309-63136-3
落丁本・乱丁本はお取り替えいたします。

歴史という教養

片山杜秀
Katayama Morihide

正解が見えない時代、
この国を滅ぼさないための
ほんとうの教養とは——?
ビジネスパーソンも、大学生も必読!
博覧強記の思想史家が説く、
これからの「温故知新」のすすめ。

ISBN978-4-309-63103-5

河出新書
003